# 머리말

## 교실 안팎으로 어휘 문맹의 위기가 닥쳐왔다

몇 년 전 한 방송 프로그램에서 수업 중인 교실 풍경을 본 적이 있습니다.
선생님의 설명에 귀를 기울이는 아이들의 모습. 그러나 잠시 후,

"희미한 기적 소리를 내고 있어요."
"시 한 편을 쓴 후 먼저 가제를 지어 봅시다."

아이들은 선생님이 하시는 말씀 중 '기적'과 '가제'라는 어휘의 뜻을 전혀 몰랐습니다. 고개만 갸우뚱거리고 있습니다. 전체 아이들의 절반 이상이 모르는 분위기입니다.

요즘 학생들에게 어휘 문맹의 위기가 닥쳤다고 합니다. 선생님들은 학생들이 어휘를 몰라 수업 진행이 어렵다고 말합니다. 이런 어휘 문맹은 비단 교실 안에서만 있는 일은 아닙니다. 교실 밖에서도 아이들의 어휘력은 심각했습니다. '금일 휴업'을 보고 '금요일에 휴업을 한다'고 이해하고, '고지식하다'는 '지식이 아주 높다'라는 뜻으로 알고 있었습니다.

## 이제는 한자의 힘을 길러 어휘를 정복해야 할 때

아이들이 잘 모르는 어휘들을 살펴보면 대부분 '한자'로 이루어진 어휘입니다. 한자어는 우리가 사용하는 어휘의 70%를 차지하고 학습 개념어의 80% 이상을 차지하는데 그 뜻을 모르니 수업을 따라갈 수 없는 게 당연합니다. 학교 공부를 잘할 수도 의사소통을 잘할 수도 없겠지요.

한자어는 비록 한글로 표기하지만 그 이면에는 한자가 숨어 있습니다. 위에서 아이들이 이해하지 못한 '가제'라는 어휘에도 한자 '假(거짓 가)'와 '題(제목 제)'가 쓰였습니다. 아이들이 이 어휘 속 '가'에 '거짓, 임시'의 뜻이 숨어 있다는 것을 알았다면 선생님께서 하신 말씀을 이해하거나 어휘의 뜻을 유추할 수 있었을 겁니다. 숨어 있는 한자의 뜻을 알고 있는 아이와 모르는 아이의 어휘력의 차이는 당연합니다.

〈어휘를 정복하는 한자의 힘〉은 권당 50개의 한자와 한자에서 파생된 한자 어휘 200개를 학습합니다. 그리고 새로운 어휘의 뜻을 유추하는 문제를 통해 어휘 추론력을 기릅니다. 한 권을 완주하면 비슷한말, 반대말까지 포함하여 약 300여 개의 어휘를 제대로 배울 수 있습니다.

매일 두 쪽씩 조금씩, 천천히, 꾸준히 공부해 보세요. 하루 두 쪽씩 쌓인 시간은 여러분의 공부 경쟁력이 될 거예요. 여러분의 어휘 정복을 응원합니다!

기적학습연구소 국어팀 일동

# 전체 학습 커리큘럼

〈초등 1~2학년 권장〉

## 1권

| 01 자연 1 | 日 일 | 月 월 | 火 화 | 水 수 | 木 목 | 06 수 1 | 一 일 | 二 이 | 三 삼 | 四 사 | 五 오 |
|---|---|---|---|---|---|---|---|---|---|---|---|
| 02 자연 2 | 金 금 | 土 토 | 山 산 | 天 천 | 地 지 | 07 수 2 | 六 륙 | 七 칠 | 八 팔 | 九 구 | 十 십 |
| 03 배움 1 | 學 학 | 校 교 | 先 선 | 生 생 | 教 교 | 08 정도 1 | 大 대 | 小 소 | 多 다 | 少 소 | 高 고 |
| 04 가족 1 | 父 부 | 母 모 | 兄 형 | 弟 제 | 寸 촌 | 09 방향과 위치 1 | 東 동 | 西 서 | 南 남 | 北 북 | 中 중 |
| 05 사람 1 | 人 인 | 女 녀 | 男 남 | 子 자 | 心 심 | 10 움직임 1 | 入 입 | 出 출 | 來 래 | 登 등 | 動 동 |

## 2권

| 01 정도 2 | 長 장 | 短 단 | 強 강 | 弱 약 | 重 중 | 06 사물 1 | 物 물 | 形 형 | 間 간 | 車 차/거 | 線 선 |
|---|---|---|---|---|---|---|---|---|---|---|---|
| 02 색 | 青 청 | 白 백 | 黃 황 | 綠 록 | 色 색 | 07 마을과 사회 1 | 村 촌 | 里 리 | 邑 읍 | 洞 동/통 | 市 시 |
| 03 신체 1 | 目 목 | 口 구 | 面 면 | 手 수 | 足 족 | 08 자연 3 | 自 자 | 然 연 | 川 천 | 江 강 | 海 해 |
| 04 생활 1 | 食 식 | 飮 음 | 事 사 | 業 업 | 休 휴 | 09 사람 2 | 姓 성 | 名 명 | 世 세 | 活 활 | 命 명 |
| 05 상태 1 | 有 유 | 不 불/부 | 便 편/변 | 安 안 | 全 전 | 10 배움 2 | 讀 독 | 書 서 | 問 문 | 答 답 | 聞 문 |

## 3권

| 01 수 3 | 百 백 | 千 천 | 萬 만 | 算 산 | 數 수 | 06 방향과 위치 2 | 方 방 | 向 향 | 內 내 | 外 외 | 上 상 |
|---|---|---|---|---|---|---|---|---|---|---|---|
| 02 자연 4 | 風 풍 | 雪 설 | 石 석 | 草 초 | 花 화 | 07 방향과 위치 3 | 下 하 | 前 전 | 後 후 | 左 좌 | 右 우 |
| 03 자연 5 | 春 춘 | 夏 하 | 秋 추 | 冬 동 | 光 광 | 08 신체 2 | 頭 두 | 身 신 | 體 체 | 育 육 | 苦 고 |
| 04 집 | 家 가 | 室 실 | 門 문 | 堂 당 | 場 장 | 09 생활 2 | 住 주 | 用 용 | 作 작 | 交 교 | 話 화 |
| 05 사람 3 | 力 력 | 氣 기 | 老 로 | 孝 효 | 工 공 | 10 나라 | 王 왕 | 民 민 | 軍 군 | 韓 한 | 國 국 |

*총 6권 구성으로 학습 난이도에 따라 1~3권, 4~6권으로 구분합니다. 학습을 모두 마치면 약 1800여 개의 초등 필수 어휘를 정복할 수 있습니다.

*학습 한자는 '한국어문회' 기준의 급수한자 8~6급 한자를 난이도, 주제, 사용 빈도에 따라 재배열하여 선정하였습니다. 6급 한자 중 李, 朴, 郡, 京 은 파생 어휘가 한정적이라 5급 한자인 考, 知, 都, 則으로 대체하였습니다.

〈 초등 3~4학년 권장 〉

# 학습 설계와 활용법

## 하루 학습

### 하루에 한자 1개, 한자 어휘 4개를 학습해요

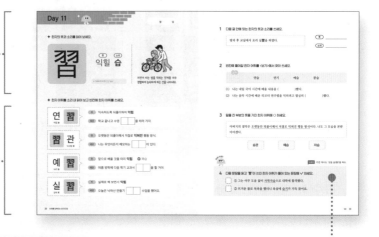

**1단계 한자 알기**

오늘 배울 한자입니다. 하루에 한 자씩 한자의 뜻(훈)과 소리(음)를 배웁니다.

**2단계 한자 어휘 알기**

한자에서 파생된 한자 어휘 4개를 학습합니다. 한자 어휘의 뜻을 소리 내 읽어 보며 그 속에 숨어 있는 한자의 뜻을 찾아보세요. 예문 안에 한자 어휘를 쓰며 어떻게 활용되는지 자연스럽게 익힙니다. 한자 어휘의 반대말과 비슷한말도 함께 배웁니다.

## 마무리 학습

### 5일 동안 배운 내용을 복습해요

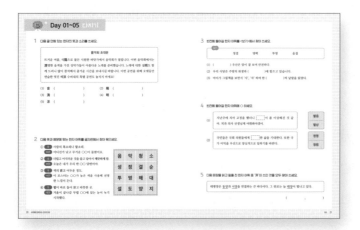

5일 동안 배운 한자 5개, 한자 어휘 20개를 문제를 풀며 복습합니다.
¹한자 훈음 확인 → ²어휘 활용력 기르기 → ³어휘 추론력 기르기 문제가 단계별로 구성되어 있습니다.

*각 권은 50day로 구성되어 있습니다. 각 권마다 한자 50개, 추론 어휘, 비슷한말, 반대말 등을 포함한 어휘 약 300여 개를 배울 수 있습니다.

**3단계  문제로 확인하기**

배운 내용을 문제로 확인합니다. **1** 한자 훈음 확인 → **2** 어휘 활용력 기르기 → **3** 어휘 추론력 기르기 문제가 단계별로 구성되어 있습니다.

## 어휘 추론력 기르기

마지막 문제는 '어휘 추론 문제'입니다. 어휘력의 최종 도달 단계는 어휘의 뜻을 추론하는 능력입니다. 한글로 표기되어 있지만 그 안에 어떤 뜻의 한자가 숨어 있을지 추론하며 문제를 풀어 보세요.

'習'은 '익히다'의 뜻을 가진 한자야. 두 어휘 중 '익히다'의 뜻이 있는 어휘는 '자학자습'인 것 같아. '습기'에는 어떤 한자가 쓰였을까?

도움말 다른 하나는 '젖을 습(濕)'을 써요.

**4**  다음 문장을 읽고 '習'이 쓰인 한자 어휘가 들어 있는 문장에 ✔ 하세요.

☐ ① 그는 아무 도움 없이 <u>자학자습</u>으로 대학에 합격했다.

☐ ② 뜨거운 물로 목욕을 했더니 욕실에 <u>습기</u>가 가득 찼어요.

# 쓰면서 한자의 뜻을 기억하고 싶다면, 쓰기장을 활용해요

특별 부록

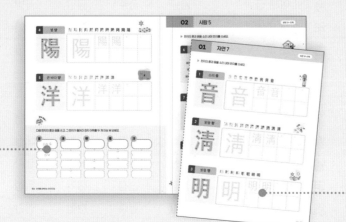

한자 쓰기를 할 수 있는 쓰기장이 맨 뒤에 수록되어 있습니다. 한 장씩 잘라서 옆에 두고 활용하세요. 본 학습과 같이 해도 좋고 복습하는 날 한 번에 해도 좋아요.

해당 한자가 들어간 한자 어휘를 떠올려 보며 마무리합니다.

한자의 뜻을 기억하며 획순에 맞게 쓰세요. **1** 크게 따라 쓰고, **2** 작게 따라 쓰고, **3** 시작점에 맞춰서 혼자 써 보세요.

# 이 책의 차례 5권

# 01 자연·7

월     일

✦ 한자의 뜻과 소리를 읽어 보세요.

소리 음

*'소리'의 뜻이 있어요.

입에서 소리가 퍼져 나가는 모습을 나타낸 글자예요.

✦ 한자 어휘를 소리 내 읽어 보고 빈칸에 한자 어휘를 쓰세요.

音 성
소리 聲

뜻 사람의 **목소리**나 **말소리**.

예문 선생님께서 다정한 | 음 | 성 | 으로 말씀하셨어.

音 악
노래 樂

뜻 **목소리**나 악기로 소리 내어 생각이나 감정을 표현하는 예술.

예문 다음 수업은 즐거운 |  |  | 시간이야.

音 절
마디 節

뜻 한 덩어리로 내는 **말소리**의 단위.

예문 '학생'은 두 개의 |  |  | 로 이루어져 있습니다.

발 音
필 發

뜻 **말소리**를 냄, 또는 그 **말소리**.

예문 입을 크게 벌리고 |  |  | 연습을 해 보자.

**1** 다음 글 안에 있는 한자의 뜻과 소리를 쓰세요.

영어에서 f와 v의 발**音**을 구분하기 어려워요.

뜻 _____

소리 _____

**2** 빈칸에 들어갈 한자 어휘에 ○ 하세요.

(1) 국악은 우리나라 고유의 전통 [　　]입니다.

음악 ┊ 음성

(2) 발표를 할 때는 정확한 [　　]으로 말합니다.

발음 ┊ 방음

**3** 밑줄 친 부분의 뜻을 가진 한자 어휘를 찾아 선을 이으세요.

(1) 아빠가 낮은 <u>목소리</u>로 나를 부르셨다. •

• ㉠ 음절

(2) 오늘 수업 시간에는 <u>말소리의 단위</u>에 대해 알아볼까요? •

• ㉡ 음성

어휘 추론!

도움말 다른 하나는 '그늘 음(陰)'을 써요.

**4** 다음 문장을 읽고 '音'이 쓰인 한자 어휘가 들어 있는 문장에 ✓ 하세요.

[　] ① 노래를 할 때에는 악보를 보고 박자와 <u>음정</u>을 잘 맞춰서 불러 보렴.

[　] ② 이끼는 양지 바른 곳이 아니라 서늘하고 습한 <u>음지</u>에서 잘 자랍니다.

월 　 일

✦ 한자의 뜻과 소리를 읽어 보세요.

(뜻) (소리)
# 맑을 청

* '맑다, 깨끗하다'의 뜻이 있어요.

물(氵)처럼 맑은 것을 나타낸 글자예요.

✦ 한자 어휘를 소리 내 읽어 보고 빈칸에 한자 어휘를 쓰세요.

**淸 렴**
청렴할 廉

> 뜻 　 성품과 행실이 높고 **맑으며** 탐욕이 없음. 　 (비) 청백

> 예문 　 조선 시대 선비의 덕목으로 ☐☐ 을 꼽을 수 있다.

**淸 명**
밝을 明

> 뜻 　 날씨나 소리가 **맑고** 밝음.

> 예문 　 산중에서 아침부터 새소리가 ☐☐ 하게 울려 퍼진다.

**淸 소**
쓸 掃

> 뜻 　 더럽고 어지러운 것을 쓸고 닦아서 **깨끗하게** 함.

> 예문 　 나는 내 방 구석구석을 ☐☐ 했어요.

**淸 결**
깨끗할 潔

> 뜻 　 **맑고 깨끗함**. 　 (반) 불결

> 예문 　 외출 후에는 손을 항상 ☐☐ 하게 씻어요.

**1** 다음 글 안에 있는 한자의 뜻과 소리를 쓰세요.

> 우리 다 같이 교실 **淸**소를 깨끗이 합시다!

뜻 _____

소리 _____

**2** 빈칸에 들어갈 한자 어휘를 <보기>에서 찾아 쓰세요.

> 보기
>
> 청명        청결        청산        청렴

(1)  오늘은 구름 한 점 없는 (            )한 날씨예요.

(2)  황희 정승은 평생 욕심 없는 (            )한 삶을 살았습니다.

**3** 밑줄 친 부분의 뜻을 가진 한자 어휘를 찾아 선을 이으세요.

> 요리를 시작하기 전에는 주변을 ①쓸고 닦아서 깨끗
> 하게 합니다. 그리고 비누로 손을 씻어 ②맑고 깨끗하
> 게 해 줍니다.

① •                    • ㉠  청결

② •                    • ㉡  청소

도움말 다른 하나는 '들을 청(聽)'을 써요.

**4** 다음 문장을 읽고 '淸'이 쓰인 한자 어휘가 들어 있는 문장에 ✓ 하세요.

☐  ① 엄마의 젊은 시절 사진을 보니 <u>청순</u>해 보였어.

☐  ② 연주가 끝나자 <u>청중</u>은 모두 일어나서 박수를 쳤어.

✦ 한자의 뜻과 소리를 읽어 보세요.

**뜻** **소리**
## 밝을 명

* '밝다, 깨끗하다'의 뜻이 있어요.
* '밝히다, 확실하다'의 뜻도 있어요.

해(日)와 달(月)처럼 밝은 모습을 나타낸 글자예요.

✦ 한자 어휘를 소리 내 읽어 보고 빈칸에 한자 어휘를 쓰세요.

明 도
법도 度

**뜻** 색의 **밝고** 어두운 정도.

**예문** 색의 ☐☐ 가 낮으면 어두운 느낌을 준다.

투 明
통할 透

**뜻** 물이나 유리 등이 맑고 **깨끗함**.  ⓯ 불투명

**예문** ☐☐ 한 유리는 빛을 통과시켜요.

설 明
말씀 說

**뜻** 어떤 것을 상대방이 잘 알게 **밝혀** 말함, 또는 그런 말.

**예문** 수업 중에는 선생님의 ☐☐ 을 잘 들으렴.

*이 어휘에서는 '밝히다'의 뜻으로 써요.

明 백
흰 白

**뜻** 매우 분명하고 **확실함**.

**예문** 대화를 해서 옳고 그름을 ☐☐ 하게 가리자.

*이 어휘에서는 '확실하다'의 뜻으로 써요.

**1** 다음 글 안에 있는 한자의 뜻과 소리를 쓰세요.

> 아빠는 설**明**서를 보고 테이블을 조립하셨다.

뜻 _____

소리 _____

**2** 다음 그림을 보고 투명한 것을 고르세요.　　　　　　　　　　( 　　 )

① 　　　　　　　　　　② 　　　　　　　　　　③

**3** 밑줄 친 부분의 뜻을 가진 한자 어휘를 초성을 참고하여 빈칸에 쓰세요.

(1) 수아는 그림자를 그려 넣어서 <u>색의 밝고 어두운 정도</u>를 표현했다.

　　　| ㅁ | ㄷ |

(2) 약속을 어기고 거짓말을 하는 행동은 <u>분명하고 확실한</u> 잘못입니다.

　　　| ㅁ | ㅂ |

어휘 추론!

**도움말** 다른 하나는 '이름 명(名)'을 써요.

**4** 다음 문장을 읽고 '明'이 쓰인 한자 어휘가 들어 있는 문장에 ✓ 하세요.

☐ ① 엄마가 승진하면서 새로운 <u>명함</u>을 만드셨어요.

☐ ② 선생님께서 어려운 문제를 <u>명쾌</u>하게 설명해 주셨어요.

월    일

✦ 한자의 뜻과 소리를 읽어 보세요.

뜻 소리
볕 양

* '볕, 해(햇빛)'의 뜻이 있어요.
* 두 전극 사이에 전류가 흐를 때 흐름이 시작되는 극인 '양'의 뜻도 있어요.

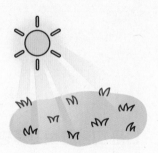

산이나 언덕에 드는 볕을 나타낸 글자예요.

✦ 한자 어휘를 소리 내 읽어 보고 빈칸에 한자 어휘를 쓰세요.

陽 지
땅 地

뜻 **볕**이 바로 들어 밝고 따뜻한 곳. 반 음지, 그늘

예문 우리 집 마당은 ☐☐ 라서 따뜻해요.

석 陽
저녁 夕

뜻 저녁때의 **햇빛**, 또는 저녁때의 지는 **해**.

예문 저녁 하늘에 붉은 ☐☐ 이 아름답습니다.

陽 력
책력 曆

뜻 지구가 **해**를 도는 주기를 기준으로 날짜를 계산하는 방법.

예문 내 생일은 ☐☐ 으로 3월 7일이야.

陽 극
다할 極

뜻 전류가 흐르고 있을 때 흐름이 시작되는 **양**의 극.

예문 자석은 ☐☐ 과 음극으로 이루어져 있어요.

* 이 어휘에서는 '양'의 뜻으로 써요.

**1** 다음 글 안에 있는 한자의 뜻과 소리를 쓰세요.

자석에는 **陽**극과 음극이 있다.

뜻 _____

소리 _____

**2** 빈칸에 들어갈 한자 어휘를 글자 카드에서 찾아 만들어 쓰세요.

(1) 신정은 (          ) 1월 1일이고, 구정은 음력 1월 1일이다.

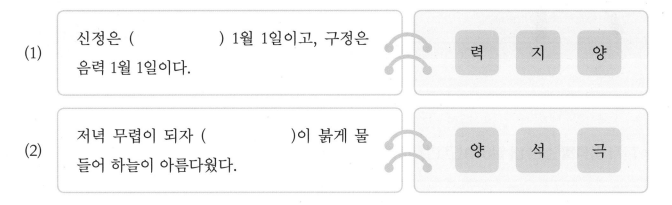

력   지   양

(2) 저녁 무렵이 되자 (        )이 붉게 물 들어 하늘이 아름다웠다.

양   석   극

**3** 밑줄 친 부분의 뜻을 가진 한자 어휘에 ○ 하세요.

정원을 바라보니, 볕이 바로 들어 밝고 따뜻한 곳에 있는 꽃들이 그늘에 있는 꽃보다 훨씬 잘 자라는 것을 알 수 있었다.

양극          양지          양성

어휘추론!

도움말 다른 하나는 '사양할 양(讓)'을 써요.

**4** 다음 문장을 읽고 '陽'이 쓰인 한자 어휘가 들어 있는 문장에 ✔ 하세요.

☐ ① 여름 한낮의 이글거리는 태양은 모든 것을 태울 듯이 뜨거웠다.

☐ ② 친구끼리 사이좋게 지내려면 서로 양보하고 배려하는 자세가 필요해.

✦ 한자의 뜻과 소리를 읽어 보세요.

洋

**뜻** **소리**
# 큰 바다 **양**

\* '큰 바다'의 뜻이 있어요.
\* '서양'의 뜻도 있어요.

물(氵)이 가득한 큰 바다를 나타낸 글자예요.

✦ 한자 어휘를 소리 내 읽어 보고 빈칸에 한자 어휘를 쓰세요.

**해 洋**
바다 海

> **뜻** 넓고 **큰 바다**.
>
> **예문** 오래전 우리나라는 ☐☐ 자원이 풍부했다.

**대 洋**
큰 大

> **뜻** 지구에서 특히 넓은 해역을 차지하는 대규모의 **큰 바다**.
>
> **예문** 지구는 오☐☐ 육대주로 이루어져 있습니다.

**원 洋**
멀 遠

> **뜻** 육지에서 멀리 떨어진 **큰 바다**.
>
> **예문** 우리나라는 ☐☐ 어업이 발달했습니다.

**洋 복**
옷 服

> **뜻** **서양**식의 옷.
>
> **예문** 아빠는 ☐☐ 을 입었을 때 가장 멋집니다.

\* 이 어휘에서는 '서양'의 뜻으로 써요.

**1** 다음 글 안에 있는 한자의 뜻과 소리를 쓰세요.

> 삼촌은 洋복을 입고 면접을 보러 가셨다.

(뜻) _____

(소리) _____

**2** 빈칸에 들어갈 한자 어휘를 <보기>에서 찾아 쓰세요.

보기

| 원양 | 서양 | 동양 | 대양 |
|------|------|------|------|

(1) (　　　　　　) 어선은 수개월씩 항해하며 참치를 잡는다.

(2) 태평양, 인도양, 대서양, 북극해, 남극해를 합쳐 오(　　　　　　)이라고 한다.

**3** 퀴즈를 읽고 알맞은 답을 초성을 참고해 쓰세요.

우리는 여기에 사는 동물이야. 여기는 넓고 큰 바다를 말하지. 여기는 어디일까?

| ㅎ | ㅇ |
|----|----|

아휘추론!

**4** 다음 한자 어휘의 예문을 읽어 보고 뜻에 알맞은 말에 ○ 하세요.

양식

예문 오늘 저녁에는 아빠가 양식을 맛보게 해 주신다면서 스테이크와 파스타를 만들어 주셨어요.

뜻 ( 서양식 , 동양식 )으로 만든 음식.

**1** 다음 글 안에 있는 한자의 뜻과 소리를 쓰세요.

> ### 音악회 초대문
>
> 뜨거운 여름, 석陽으로 물든 시원한 바닷가에서 음악회가 열립니다. 이번 음악회에서는 淸명한 음색을 가진 성악가들이 아름다운 노래를 준비했습니다. 노래에 대한 설明도 함께 드리니 많이 참석해서 즐거운 시간을 보내시길 바랍니다. 이번 공연을 위해 오랫동안 연습한 멋진 해洋 수비대의 특별 공연도 놓치지 마세요!

(1) **音** (                    )          (2) **陽** (                    )

(3) **淸** (                    )          (4) **明** (                    )

(5) **洋** (                    )

**2** 다음 뜻과 예문에 맞는 한자 어휘를 글자판에서 찾아 묶으세요.

① 뜻 사람의 **목소리**나 **말소리**.
　예문 어디선가 낮고 무거운 ○○이 들렸어요.

② 뜻 더럽고 어지러운 것을 쓸고 닦아서 **깨끗하게** 함.
　예문 오늘은 내가 우리 반 ○○ 당번이야.

③ 뜻 색의 **밝고** 어두운 정도.
　예문 이 포스터는 ○○가 높은 색을 사용해 선명한 느낌이 든다.

④ 뜻 **볕**이 바로 들어 밝고 따뜻한 곳.
　예문 겨울이 끝나갈 무렵 ○○에 있는 눈이 녹기 시작했다.

| 음 | 악 | 청 | 소 |
|---|---|---|---|
| 성 | 정 | 결 | 순 |
| 투 | 명 | 해 | 대 |
| 설 | 도 | 양 | 지 |

**3** 빈칸에 들어갈 한자 어휘를 <보기>에서 찾아 쓰세요.

> **보기**
>
> 청결          명백          투명          음절

(1) (                ) 우산은 앞이 잘 보여 안전하다.

(2) 우리 식당은 주방의 위생과 (                )에 힘쓰고 있습니다.

(3) 아이가 그림책을 보면서 '사', '자' 하며 한 (                )씩 낱말을 읽었다.

**4** 빈칸에 들어갈 한자 어휘에 ○ 하세요.

(1) 지난주에 치아 교정을 했더니 ☐이 좀 이상해진 것 같아. 치과 의사 선생님께 여쭤봐야겠어.

발음
--------------
발상

(2) 국민들은 국회 의원들에게 ☐한 삶을 기대한다. 또한 국가 이익을 우선으로 양심적으로 일하기를 바란다.

청명
--------------
청렴

**5** 다음 문장을 읽고 밑줄 친 한자 어휘 중 '洋'이 쓰인 것을 모두 찾아 쓰세요.

> 태평양은 동양과 서양을 연결하는 큰 바다이다. 그 위로는 늘 태양이 빛나고 있다.

(              ,              )

# 02 사람·5

**지난주의 한자** 배운 한자를 떠올리며 빈칸에 뜻과 소리를 쓰세요.

| 音 | 清 | 明 | 陽 | 洋 |
|---|---|---|---|---|
| _____ | _____ | _____ | _____ | _____ |

월     일

✦ 한자의 뜻과 소리를 읽어 보세요.

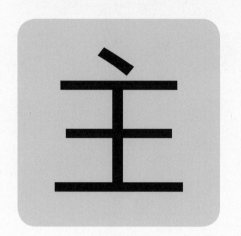

**뜻** **소리**

## 주인 주

\* '주인, 주되다'의 뜻이 있어요.
\* '우두머리'의 뜻도 있어요.

대상이나 물건을 소유한 사람을 나타낸 글자예요.

✦ 한자 어휘를 소리 내 읽어 보고 빈칸에 한자 어휘를 쓰세요.

主 식
밥/먹을 食

**뜻** 끼니에 **주로** 먹는 음식.

**예문** 우리가 ☐☐ 으로 먹는 음식은 쌀이다.

主 권
권세 權

**뜻** 가장 **주된** 권리. 국가의 의사를 최종적으로 결정하는 **주된** 권력.

**예문** 소비자로서 정당한 ☐☐ 을 요구할 수 있다.

민 主
백성 民

**뜻** **주권**이 국민에게 있음.

**예문** 국민들의 관심이 바른 ☐☐ 국가를 만든다.

主 장
장수 將

**뜻** **우두머리**가 되는 장수. 운동 경기에서 팀을 대표하는 선수.

**예문** 적들의 공격이 거세지자 ☐☐ 은 후퇴를 명령했다.

\* 이 어휘에서는 '우두머리'의 뜻으로 써요.

**1** 다음 글 안에 있는 한자의 뜻과 소리를 쓰세요.

> 主권 회복을 위해 애쓴 독립운동가를 잊지 말아야 한다.

뜻 _____

소리 _____

**2** 빈칸에 들어갈 한자 어휘를 찾아 선을 이으세요.

(1) 아빠는 조기 축구팀에서 ☐ 을 맡고 계셔.  •

•㉠ 주장

(2) 밀은 많은 사람들이 ☐ 으로 먹는 곡류입니다.  •

•㉡ 주식

**3** 다음 뜻을 가진 한자 어휘를 초성을 참고하여 빈칸에 쓰세요.

(1) 주권이 국민에게 있음.  ☐ ㅁ ㅈ

(2) 가장 주된 권리. 국가의 의사를 최종적으로 결정하는 주된 권력.  ☐ ㅈ ㄱ

**도움말** 다른 하나는 '주일 주(週)'를 써요.

**4** 다음 문장을 읽고 '主'가 쓰인 한자 어휘가 들어 있는 문장에 ✔ 하세요.

☐ ① 연극 동아리에서 공연을 하는데 내가 <u>주인공</u>을 맡았어요.

☐ ② 할머니는 <u>주기적</u>으로 병원에 가서 정기 검진을 받으십니다.

월         일

✦ 한자의 뜻과 소리를 읽어 보세요.

뜻   소리
# 대신할 대

\* '대신, 대신하다'의 뜻이 있어요.

사람을 대신해 허수아비를 세우는 것처럼 무엇을 대신하는 것을 나타낸 글자예요.

✦ 한자 어휘를 소리 내 읽어 보고 빈칸에 한자 어휘를 쓰세요.

**代신**
몸身

뜻 **대신**. 어떤 대상이 맡던 구실을 새로 맡음, 그렇게 맡은 대상.

예문 배가 별로 고프지 않아서 밥 ☐☐ 간식을 먹었다.

**代안**
생각案

뜻 어떤 안을 **대신하는** 안.

예문 자동차가 고장 났으니 그 ☐☐ 으로 버스를 타자.

**代체**
바꿀替

뜻 다른 것으로 **대신함**.

예문 건강을 위해 밀가루를 ☐☐ 하는 식품을 먹어요.

**代표**
겉表

뜻 전체의 상태, 특징을 어느 하나로 잘 나타냄, 또는 그런 것. 전체를 **대신하는** 사람.

예문 이 그림은 김홍도의 ☐☐ 작품입니다.

**1** 다음 글 안에 있는 한자의 뜻과 소리를 쓰세요.

> 천연자원의 고갈로 **代**체 에너지 개발이 필요해요.

뜻 _____

소리 _____

**2** 빈칸에 들어갈 한자 어휘를 <보기>에서 찾아 쓰세요.

보기

| 대안 | 대신 | 대표 | 대체 |
|---|---|---|---|

(1) 출장 가신 아빠 ( ) 삼촌이 가족 운동회에 왔어요.

(2) 김치는 우리나라 음식을 ( )하는 발효 식품입니다.

**3** 밑줄 친 부분의 뜻을 가진 한자 어휘에 ○ 하세요.

> 과연 인공 지능이 노동력 부족 문제를 대신하는 안이 될 수 있을지 전 세계가 주목하고 있습니다.

대체          대안          대입

어휘 추론!

도움말 다른 하나는 '빌릴 대(貸)'를 써요.

**4** 다음 문장을 읽고 '代'가 쓰인 한자 어휘가 들어 있는 문장에 ✓ 하세요.

☐ ① 도서관에서 우리나라 역사에 대한 책을 대출했어.

☐ ② 한동안 자격증 대리 시험 문제로 사회가 시끌벅적했다.

월   일

✦ 한자의 뜻과 소리를 읽어 보세요.

使

뜻 소리
부릴 사

* '쓰다, 시키다, 맡기다'의 뜻이 있어요.
* '심부름꾼'의 뜻도 있어요.

높은 사람(亻)이 일을 시키는 것을 나타 낸 글자예요.

✦ 한자 어휘를 소리 내 읽어 보고 빈칸에 한자 어휘를 쓰세요.

## 使 용
쓸 用

뜻 무엇을 필요한 일이나 기능에 맞게 **씀**.

예문 겨울이 되면 난방 기기의 [  ][  ]이 증가한다.

## 使 신
신하 臣

뜻 임금이나 국가가 **시켜** 다른 나라에 파견되는 신하.

예문 임금은 이웃 나라에 [  ][  ]을 보냈습니다.

## 使 명
목숨 命

뜻 **맡겨진** 일.

예문 국군은 나라를 지키기 위해 [  ][  ]을 다한다.

## 천 使
하늘 天

뜻 하늘에서 내려와 인간에게 신의 뜻을 전하며 신과 인간을 이어 주는 **심부름꾼**. 선량한 사람을 비유하는 말.

예문 성경에는 신의 뜻을 전하기 위한 [  ][  ]가 등장한다.

* 이 어휘에서는 '심부름꾼'의 뜻으로 써요.

**1** 다음 글 안에 있는 한자의 뜻과 소리를 쓰세요.

> 어린아이들의 순수한 모습이 마치 천**使** 같다.

(뜻) _____

(소리) _____

**2** 빈칸에 들어갈 한자 어휘에 ○ 하세요.

(1) 형은 [ ] 같은 착한 마음씨를 가졌어요.

천사 | 사신

(2) 우리 모두 공공시설을 깨끗이 [ ]합시다.

사용 | 사명

**3** 밑줄 친 부분의 뜻을 가진 한자 어휘를 찾아 선을 이으세요.

> ① 임금이 시켜 명나라에 파견됐던 신하들이 마침내 돌아왔다. 그들은 ②맡겨진 일을 다하고 돌아와 백성들의 환호를 받았다.

① •          • ㉠ 사명

② •          • ㉡ 사신

어휘 추론!

도움말 다른 하나는 '고를 조(調)'를 써요.

**4** 다음 문장을 읽고 '使'가 쓰인 한자 어휘가 들어 있는 문장에 ✔ 하세요.

[ ] ① 그 특사는 두 나라를 오가며 평화를 위해 힘썼다.

[ ] ② 우리 지역의 문화유산을 조사하기 위해 도서관에 갔어요.

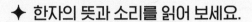

월    일

✦ 한자의 뜻과 소리를 읽어 보세요.

뜻 소리

**뜻 의**

*'뜻, 마음, 생각'의 뜻이 있어요.

마음(心)의 소리(音)인 뜻을 나타낸 글자예요.

✦ 한자 어휘를 소리 내 읽어 보고 빈칸에 한자 어휘를 쓰세요.

**意 미**
맛 味

뜻  말이나 글의 **뜻**. 행위나 현상이 지닌 **뜻**.

예문  책에 나온 낱말의 [　　] 가 이해되지 않았다.

**동 意**
한가지 同

뜻  같은 **뜻**, 또는 **뜻**이 같음. 의견을 같이함.

예문  두 문장은 표현이 다르지만 [　　] 의 문장이다.

**意 지**
뜻 志

뜻  어떤 일을 이루고자 하는 **마음**.

예문  언제나 할 수 있다는 굳센 [　　] 를 가지렴.

**意 견**
볼 見

뜻  어떤 대상에 대한 **생각**.

예문  멸종 동물에 대한 자신의 [　　] 을 발표해 봅시다.

**1** 다음 글 안에 있는 한자의 뜻과 소리를 쓰세요.

민지의 의견에 동**意**합니다.

뜻 _____

소리 _____

**2** 빈칸에 들어갈 한자 어휘를 찾아 선을 이으세요.

(1) 다수결이란 회의에서 많은 사람의 ☐에 따라 찬성과 반대의 결정을 내리는 일이다. •

• ㉠ 의견

(2) 각 나라의 국가를 상징하는 국기에는 색깔과 문양에 따라 숨겨진 ☐이/가 있습니다. •

• ㉡ 의미

**3** 밑줄 친 부분의 뜻을 가진 한자 어휘에 ○ 하세요.

장영실은 <u>어떤 일을 이루고자 하는 마음</u>이 강했다. 그래서 어려운 상황에서도 포기하지 않고 다양한 발명품을 만들 수 있었다.

의중     의지     동지

어휘 추론!

도움말 다른 하나는 '옳을 의(義)'를 써요.

**4** 다음 문장을 읽고 '意'가 쓰인 한자 어휘가 들어 있는 문장에 ✔ 하세요.

☐ ① 점심으로 무엇을 먹고 싶은지 내 <u>의사</u>를 밝혔다.

☐ ② 내 비밀을 끝까지 지켜 주다니, 형은 역시 <u>의리</u>가 있는 사람이야.

월       일

✦ 한자의 뜻과 소리를 읽어 보세요.

成

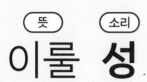

뜻    소리
이룰  성

* '이루다'의 뜻이 있어요.
* '자라다'의 뜻도 있어요.

상을 받은 아이처럼 원하는 바를 이루는 모습을 나타낸 글자예요.

✦ 한자 어휘를 소리 내 읽어 보고 빈칸에 한자 어휘를 쓰세요.

**成 과**
실과 果

뜻   **이루어** 낸 결실.

예문   이번 일은 기대 이상의 [ ][ ]를 올렸다.

**成 취**
나아갈 就

뜻   목적한 것을 **이룸**.

예문   혜리는 꿈을 [ ][ ]하기 위해 매일 노래 연습을 했다.

**완 成**
완전할 完

뜻   완전하게 다 **이룸**.   🔁 미완성

예문   설명서에는 조립에서 [ ][ ]까지 모든 단계가 나와 있다.

**成 장**
긴 長

뜻   사람이나 동식물 등이 **자라서** 점점 커짐.

예문   청소년기는 [ ][ ]이 빠른 시기이다.

* 이 어휘에서는 '자라다'의 뜻으로 써요.

**1** 다음 글 안에 있는 한자의 뜻과 소리를 쓰세요.

식물이 쑥쑥 **成**장하고 있어요.

뜻) _____

소리) _____

**2** 빈칸에 들어갈 한자 어휘를 글자 카드에서 찾아 만들어 쓰세요.

(1) 이번 올림픽 경기에서 대한민국 선수들은 좋은 ( )을/를 거두었다.

고  과  성

(2) 과학자가 되고 싶은 네 꿈을 ( ) 하려면 지금부터 끊임없이 노력해야 해.

성  소  취

**3** 다음 뜻을 가진 한자 어휘를 초성을 참고하여 빈칸에 쓰세요.

(1) 완전하게 다 이룸.

ㅇ  ㅅ

(2) 사람이나 동식물 등이 자라서 점점 커짐.

ㅅ  ㅈ

도움말 다른 하나는 '성품 성(性)'을 써요.

**4** 다음 문장을 읽고 '成'이 쓰인 한자 어휘가 들어 있는 문장에 ✓ 하세요.

☐ ① 우리 가족 중 내 동생이 제일 활발한 <u>성격</u>이야.

☐ ② 우리가 매일 마시는 우유의 <u>성분</u>을 알아볼까요?

**1** 다음 글 안에 있는 한자의 뜻과 소리를 쓰세요.

> 오늘은 소방서에 견학을 갔다. 소방관 한 분이 **代**표로 우리에게 소방관이라는 직업에 대해 설명해 주셨다. 설명을 들어 보니 소방관 아저씨들은 직업에 대한 **使**명을 다하여 일하고 계셨다. 그리고 우리에게 자기 삶의 **主**인이 되라고 하셨다. 나도 얼른 **成**장해서 소방관처럼 **意**미 있고 멋진 일을 하고 싶다.

(1) 代 (                    )       (2) 使 (                    )

(3) 主 (                    )       (4) 成 (                    )

(5) 意 (                    )

**2** <보기>의 글자 카드에서 알맞은 글자를 찾아 한자 어휘를 완성하세요.

> 보기
>
> 의    대    성    사    주

(1) 우리나라는 독립을 해서 빼앗긴 [ ][ 권 ] 을 되찾을 수 있었다.
↳ 국가의 의사를 최종적으로 결정하는 **주된** 권력.

(2) 회의 시간에 발표할 때에는 자신의 [ ][ 견 ] 을 분명하게 밝힙니다.
↳ 어떤 대상에 대한 **생각**.

(3) 우리는 운동회에서 힘을 합치면 뭐든 할 수 있다는 [ ][ 과 ] 를 얻었습니다.
↳ 이루어 낸 결실.

**3** 뜻풀이에 맞는 한자 어휘를 찾아 선을 이으세요.

(1) 다른 것으로 **대신함**. •

(2) 끼니에 **주로** 먹는 음식. •

(3) 어떤 일을 이루고자 하는 **마음**. •

• ㉠ 의지

• ㉡ 주식

• ㉢ 대체

**4** 빈칸에 들어갈 한자 어휘에 ○ 하세요.

(1) 정부는 저출산 문제에 대한 ☐ 을 내놓았다.

대안 ┆ 대리

(2) 수업이 끝나면 ☐ 한 작품을 제출하십시오.

완승 ┆ 완성

(3) 조선 시대에는 중국을 오가는 ☐ 들이 많았다.

사용 ┆ 사신

**5** 한자 어휘의 뜻을 읽어 보고 빈칸에 공통으로 들어갈 글자를 쓰세요.

- ☐사: 무엇을 하고자 하는 **생각**.
- ☐미: 말이나 글의 뜻. 행위나 현상이 지닌 **뜻**.
- 동☐: 같은 뜻, 또는 뜻이 같음. 의견을 같이함.

(      )

# 03 배움·3

**지난주의 한자** 배운 한자를 떠올리며 빈칸에 뜻과 소리를 쓰세요.

| 主 | 代 | 使 | 意 | 成 |
|---|---|---|---|---|
| ___ | ___ | ___ | ___ | ___ |

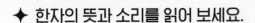

월    일

✦ 한자의 뜻과 소리를 읽어 보세요.

( 뜻 ) ( 소리 )
# 익힐 습

＊'익히다'의 뜻이 있어요.

자전거 타는 법을 익히는 것처럼 자주 경험하여 능숙하게 하는 것을 나타내요.

✦ 한자 어휘를 소리 내 읽어 보고 빈칸에 한자 어휘를 쓰세요.

연 習
익힐 練

( 뜻 ) 익숙하도록 되풀이하여 **익힘**.

( 예문 ) 학교 끝나고 수영 ☐☐ 을 하러 가자.

習 관
익숙할 慣

( 뜻 ) 오랫동안 되풀이해서 저절로 **익혀진** 행동 방식.

( 예문 ) 나는 무엇이든지 메모하는 ☐☐ 이 있다.

예 習
미리 豫

( 뜻 ) 앞으로 배울 것을 미리 **익힘**.  (반) 복습

( 예문 ) 여름 방학에 다음 학기 교과서 ☐☐ 을 할 거야.

실 習
열매 實

( 뜻 ) 실제로 해 보면서 **익힘**.

( 예문 ) 오늘은 낙하산 만들기 ☐☐ 수업을 했어요.

**1** 다음 글 안에 있는 한자의 뜻과 소리를 쓰세요.

방과 후 교실에서 요리 실**習**을 하였다.

뜻 _____

소리 _____

**2** 빈칸에 들어갈 한자 어휘를 <보기>에서 찾아 쓰세요.

보기

연습        연기        예습        풍습

(1) 나는 내일 국어 시간에 배울 내용을 (          )했다.

(2) 나는 음악 시간에 배운 리코더 연주법을 익히려고 열심히 (          )했다.

**3** 밑줄 친 부분의 뜻을 가진 한자 어휘에 ○ 하세요.

아버지의 절약은 오랫동안 되풀이해서 저절로 익혀진 행동 방식이다. 나도 그 모습을 본받아야겠다.

습관            예습            자습

어휘추론!

도움말 다른 하나는 '젖을 습(濕)'을 써요.

**4** 다음 문장을 읽고 '習'이 쓰인 한자 어휘가 들어 있는 문장에 ✓ 하세요.

☐ ① 그는 아무 도움 없이 자학자습으로 대학에 합격했다.

☐ ② 뜨거운 물로 목욕을 했더니 욕실에 습기가 가득 찼어요.

월    일

✦ 한자의 뜻과 소리를 읽어 보세요.

뜻   소리
## 가르칠 훈

*'가르치다'의 뜻이 있어요.

물(川) 흐르듯 말(言)로 가르치는 모습을 나타낸 글자예요.

✦ 한자 어휘를 소리 내 읽어 보고 빈칸에 한자 어휘를 쓰세요.

**교 訓**
가르칠 教

뜻   행동에 도움이 되는 것을 **가르침**, 또는 그런 **가르침**.

예문   위인전을 읽으면 ☐☐ 을 얻을 수 있어.

**가 訓**
집 家

뜻   한 집안의 자손들에게 일러 주는 **가르침**.

예문   여러분의 ☐☐ 을 소개해 보세요.

**訓 련**
단련할 鍊

뜻   **가르쳐서** 익히게 함.

예문   학교에서 소방 ☐☐ 을 받았습니다.

**訓 장**
긴 長

뜻   옛날에 글을 **가르치시는** 어른.

예문   할아버지는 옛날에 ☐☐ 님께 글을 배웠습니다.

**1** 다음 글 안에 있는 한자의 뜻과 소리를 쓰세요.

> 우리 집 가訓은 '정직'이다.

뜻 _____

소리 _____

**2** 빈칸에 들어갈 한자 어휘를 글자 카드에서 찾아 만들어 쓰세요.

> 매일 아침마다 우리 학교 축구팀은 운동장에서 힘든 (               )을/를 해요.

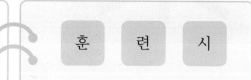

훈 련 시

**3** 밑줄 친 부분의 뜻을 가진 한자 어휘를 찾아 선을 이으세요.

> 옛날에 서당에는 ①글을 가르치시는 어른이 계셨어요. 그분은 선조의 이야기를 통해 아이들의 ②행동에 도움이 되는 가르침을 전하셨어요.

① •          • ㉠ 교훈

② •          • ㉡ 훈장

**4** 다음 한자 어휘의 예문을 읽어 보고 뜻에 알맞은 말에 ○ 하세요.

훈계

예문 아빠는 동생이 다시는 거짓말을 하지 않도록 훈계하셨다.

뜻 잘못을 경계하도록 ( 가르치고 , 소개하고 ) 타이름.

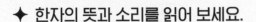

## ✦ 한자의 뜻과 소리를 읽어 보세요.

뜻  즐길 **락(낙)**
소리  노래  **악**

＊'즐기다, 노래, 음악'의 뜻이 있어요.
＊'락은 맨 앞에 오면 '낙'으로 읽고 써요

악기의 모양을 본떠 노래를 즐기는 것을 나타낸 글자예요.

## ✦ 한자 어휘를 소리 내 읽어 보고 빈칸에 한자 어휘를 쓰세요.

 **樂 관**
볼 觀

뜻  세상을 **즐겁고** 희망적으로 봄. 앞날의 일이 잘될 것이라고 믿음.

예문  그는 어려운 환경에서도 삶에 대한 ☐☐ 을 잃지 않았다.

 **樂 원**
동산 園

뜻  아무런 고통 없이 살 수 있는 **즐거운** 곳.

예문  할아버지는 고향이 ☐☐ 이라고 하셨어요.

 **樂 기**
그릇 器

뜻  **음악**을 연주하는 데 쓰는 기구.

예문  가야금은 우리나라 전통 ☐☐ 이다.

＊이 어휘에서는 '노래 악'으로 써요.

 **樂 단**
둥글 團

뜻  **음악** 연주를 하기 위해 만들어진 단체.

예문  ☐☐ 이 흥겨운 연주를 시작했습니다.

＊이 어휘에서는 '노래 악'으로 써요.

**1** 다음 글 안에 있는 한자의 뜻과 소리를 쓰세요.

> 인간이 환경을 파괴하기 전까지 자연은 야생 동물들의 **樂**원이었다.

뜻 _____

소리 _____

**2** 빈칸에 공통으로 들어갈 한자 어휘에 ○ 하세요.

> • 양궁 국가 대표 팀 감독은 다음 경기를 긍정적으로 보며 승리를 ⬜하였다.
>
> • 의사 선생님께서 수술은 성공적으로 끝났지만 지나친 ⬜은 하지 말라고 하셨다.

| 낙관 | 비관 | 승낙 |

**3** 다음 뜻을 가진 한자 어휘를 초성을 참고하여 빈칸에 쓰세요.

(1) 음악을 연주하는 데 쓰는 기구. — | ㅇ | ㄱ |

(2) 음악 연주를 하기 위해 만들어진 단체. — | ㅇ | ㄷ |

어휘 추론!

도움말 다른 하나는 '악할 악(惡)'을 써요.

**4** 다음 문장을 읽고 '樂'이 쓰인 한자 어휘가 들어 있는 문장에 ✓ 하세요.

⬜ ① 이 소설에 나오는 <u>악당</u>은 주인공보다 힘이 세.

⬜ ② 음악 시간에 아이들은 <u>악보</u>를 보면서 노래를 불렀어요.

월       일

✦ 한자의 뜻과 소리를 읽어 보세요.

（뜻）　（소리）

## 제목　제

\* '제목'의 뜻이 있어요.
\* '문제, 물음'의 뜻도 있어요.

책의 머리(頁) 부분에 표시한 제목을 나타낸 글자예요.

✦ 한자 어휘를 소리 내 읽어 보고 빈칸에 한자 어휘를 쓰세요.

### 題 목
눈 目

（뜻）　**제목.** 글, 영화, 공연 등의 중심 내용을 나타낸 이름.

（예문）　어제 본 책의 ⬜⬜ 은 『플랜더스의 개』였다.

### 주 題
주인 主

\* 이 어휘에서는 '문제'의 뜻으로 써요.

（뜻）　대화, 연구 등에서 중심이 되는 **문제.** 예술 작품에서 지은이가 표현하고자 하는 주된 생각.

（예문）　친구 영철이는 대화 ⬜⬜ 와 상관없는 이야기만 한다.

### 과 題
공부할 課

\* 이 어휘에서는 '문제'의 뜻으로 써요.

（뜻）　해결해야 할 **문제.** 교사가 학생들에게 내 주는 연구 **문제.**

（예문）　통일은 꼭 이루어야 할 민족의 ⬜⬜ 이다.

### 문 題
물을 問

\* 이 어휘에서는 '물음'의 뜻으로 써요.

（뜻）　해답을 요구하는 **물음.** 논쟁, 논의, 연구 등의 대상이 되는 것.

（예문）　주어진 시간 동안 ⬜⬜ 를 모두 풀었어요.

**1** 다음 글 안에 있는 한자의 뜻과 소리를 쓰세요.

주말에 가족들과 본 영화 **題**목은 「두더지 식당」이었다.

뜻 _____

소리 _____

**2** 빈칸에 들어갈 한자 어휘를 <보기>에서 찾아 쓰세요.

> 보기
>
> 문제　　　제목　　　과제　　　부제

(1) 선생님은 식물의 한살이 관찰을 (　　　　　)(으)로 내 주셨어요.

(2) 요즘 배달 음식을 많이 시켜 먹으면서 쓰레기 (　　　　　)이/가 심각해졌다.

**3** 밑줄 친 부분의 뜻을 가진 한자 어휘에 ○ 하세요.

이 소설에서 지은이가 표현하고자 하는 주된 생각이 무엇인지 파악해 봅시다.

주제　　　　　주지　　　　　주도

**4** 다음 한자 어휘 중 '題'가 쓰인 것에 ✔ 하세요.

☐ ① 제거　▶　없애 버림.

☐ ② 무제　▶　제목이 없음.

☐ ③ 제품　▶　재료를 사용해서 만든 물건.

✦ 한자의 뜻과 소리를 읽어 보세요.

| 뜻 | 소리 |
|---|---|
| 과목 | 과 |

\* '과목, 과정'의 뜻이 있어요.
\* '과거'의 뜻도 있어요.

학교에서 배우는 '국어, 수학, 영어' 등의 과목을 나타낸 글자예요.

✦ 한자 어휘를 소리 내 읽어 보고 빈칸에 한자 어휘를 쓰세요.

**科 목**
눈 目

뜻  **과목**. 가르쳐야 할 지식을 분야에 따라 나눈 갈래.

예문  나는 국어 ☐☐ 을 제일 좋아해!

**교 科**
가르칠 敎

뜻  학생이 배워야 할 **과정**을 나누어 놓은 것.

예문  승주는 방학 때 ☐☐ 내용을 예습할 계획이다.

**科 학**
배울 學

뜻  자연에서 일어나는 현상을 연구하는 학문, 또는 그 **과목**.

예문  ☐☐ 수업은 실험실에서 합니다.

**科 거**
들 擧

뜻  **과거**. 고려, 조선 시대에 실시했던 관리를 뽑기 위한 국가 시험.

예문  옛날에는 ☐☐ 시험에 합격한 사람은 관직에 올랐다.

\* 이 어휘에서는 '과거'의 뜻으로 써요.

**1** 다음 글 안에 있는 한자의 뜻과 소리를 쓰세요.

> 교**科**서를 열심히 공부하면 성적을 올릴 수 있어요.

( 뜻 ) _____

( 소리 ) _____

**2** 빈칸에 들어갈 한자 어휘를 찾아 선을 이으세요.

(1) | 내가 좋아하고 잘하는 ☐ 은 수학이야. | • | • ㉠ | 과목 |

(2) | ☐ 의 발달로 인간은 우주여행을 할 수 있게 되었다. | • | • ㉡ | 과학 |

**3** 퀴즈를 읽고 알맞은 답에 ○ 하세요.

> **이것은 무엇일까요?**
>
> **힌트 1.** 고려, 조선 시대에 실시했던 시험이야.
> **힌트 2.** 이 시험에서 합격하면 관직에 오를 수 있었어.

| 과제 | | 과거 | | 과정 |

**어휘추론!**

도움말 다른 하나는 '자랑할 과(誇)'를 써요.

**4** 다음 문장을 읽고 '科'가 쓰인 한자 어휘가 들어 있는 문장에 ✔ 하세요.

☐ ① 그때 있었던 일을 과장하지 말고 사실대로 말해 봐.

☐ ② 형은 대학에 가려고 준비할 때 어떤 학과를 선택할지 고민이 많았대요.

**1** 다음 글 안에 있는 한자의 뜻과 소리를 쓰세요.

 지민아, 음樂 수행 평가 준비 잘하고 있어? 노래 연習은 하고 있지?

아니. 하기 싫어. 그나저나 노래 題목은 뭐였지?

 「봄」이잖아. 난 음악 科목이 제일 재밌던데. 춤만 좋아하지 말고 노래에도 재미를 붙여 봐.

알았어. 나는 음정 맞추는 게 어렵더라고. 유명한 가수에게 訓련을 받으면 나아질 텐데.

(1) **樂** ( )　　(2) **習** ( )

(3) **題** ( )　　(4) **科** ( )

(5) **訓** ( )

**2** 가로 열쇠, 세로 열쇠를 풀어 낱말 퍼즐을 완성하세요.

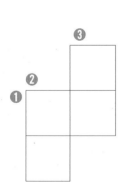

**가로 열쇠**

❶ **뜻** 행동에 도움이 되는 것을 **가르침**, 또는 그런 **가르침**.

**예문** 나는 독서를 통해 ○○을 얻는다.

**세로 열쇠**

❷ **뜻** 학생이 배워야 할 **과정**을 나누어 놓은 것.

**예문** 나는 ○○ 과목 중 영어를 제일 좋아해.

❸ **뜻** 한 집안의 자손들에게 일러 주는 **가르침**.

**예문** 우리 가족은 '감사'를 ○○으로 삼고 있어요.

**3** 빈칸에 들어갈 한자 어휘를 <보기>에서 찾아 쓰세요.

보기

습관          악기          훈장          과학

(1) 방학 때 서당에 가서 (              )님께 천자문을 배웠어요.

(2) 천천히 먹고 남기지 않는 식사 (              )을/를 가졌구나.

(3) 음악 시간에 아이들이 다양한 (              )을/를 연주했습니다.

**4** 빈칸에 들어갈 알맞은 한자 어휘에 ○ 하세요.

(1) 시험 [      ]를 한 시간 안에 풀어야 한다.

| 문제 | 문자 |

(2) 자기 전에 내일 배울 내용을 [      ]하였다.

| 복습 | 예습 |

(3) 오늘의 특별 강의 [      ]는 환경 보호입니다.

| 주제 | 주최 |

**5** 다음 대화를 읽고 밑줄 친 한자 어휘 중 '樂'이 쓰인 것을 모두 찾아 쓰세요.

현서: 현지야, 오늘 엄마가 우리 게임하는 걸 승낙해 주실까?

현지: 오늘 우리 아직 한 번도 안 싸웠으니까 가능할 것 같아.

현서: 너는 역시 낙천적이구나. 그런데 너무 낙관하지는 마. 기대가 크면 실망도 큰 법이야.

(        ,        )

# 04 시간·2

✦ 한자의 뜻과 소리를 읽어 보세요.

뜻 · 소리

밤 야

＊'밤, 어둠'의 뜻이 있어요.

달이 뜬 밤에는 집으로 돌아가야 한다는 것을 나타낸 글자예요.

✦ 한자 어휘를 소리 내 읽어 보고 빈칸에 한자 어휘를 쓰세요.

**夜 경**
별 景

> 뜻 **밤**의 경치.
>
> 예문 밤이 되니까 도시의 ☐☐ 이 아름다워.

**夜 간**
사이 間

> 뜻 **해가 진 뒤**부터 다시 해가 뜨기 전까지의 동안. 🔄 주간
>
> 예문 할머니 댁에 갈 때 ☐☐ 열차를 타고 갔다.

**夜 근**
부지런할 勤

> 뜻 퇴근 시간이 지나 **밤** 늦게까지 하는 일.
>
> 예문 오늘 엄마가 ☐☐ 때문에 집에 늦게 오신대.

**夜 광**
빛 光

> 뜻 **어둠** 속에서 빛을 냄, 또는 그 물건.
>
> 예문 불을 끄면 천장에 붙여 놓은 ☐☐ 스티커가 빛나요.

**1** 다음 글 안에 있는 한자의 뜻과 소리를 쓰세요.

아빠는 계속되는 **夜**근으로 체력이 떨어지셨다.

뜻 _____

소리 _____

**2** 빈칸에 공통으로 들어갈 한자 어휘에 ○ 하세요.

• ☐ 열차는 어둠 속을 뚫고 빠르게 달렸다.

• 할머니는 낮에 일하고 밤에는 ☐ 학교에 다니셨다.

주간    야간    조간

**3** 밑줄 친 부분의 뜻을 가진 한자 어휘를 찾아 선을 이으세요.

(1) 남산에서 바라보는 서울의 <u>밤의 경치</u>가 아름다워요.    •        • ㉠ 야광

(2) 내 시계는 <u>어둠 속에서 빛을 내서</u> 깜깜한 밤에도 잘 보여.    •        • ㉡ 야경

어휘 추론!

도움말 다른 하나는 '들 야(野)'를 써요.

**4** 다음 문장을 읽고 '夜'가 쓰인 한자 어휘가 들어 있는 문장에 ✓ 하세요.

☐ ① 잠들기 전에 <u>야식</u>을 먹으면 건강에 좋지 않다.

☐ ② 오늘은 날씨가 좋으니까 다 같이 <u>야외</u>로 나들이 가요.

월    일

✦ 한자의 뜻과 소리를 읽어 보세요.

(뜻) 어제  (소리) 작

＊'어제, 이전'의 뜻이 있어요.

지나간 날(日)인 어제를 나타낸 글자예요.

✦ 한자 어휘를 소리 내 읽어 보고 빈칸에 한자 어휘를 쓰세요.

**昨** 일
날 日

(뜻) **어제**. 오늘의 바로 하루 전날.

(예문) 경찰은 [ ][ ] 정오까지도 범인의 단서를 잡지 못했다.

**昨** 금
이제 今

(뜻) **어제**와 오늘. 바로 얼마 전부터 지금까지의 시기.

(예문) 일기 예보에서 [ ][ ] 의 날씨를 비교해 주었다.

**昨** 년
해 年

(뜻) 이 해의 바로 **이전** 해.  (비) 지난해

(예문) [ ][ ] 생일에는 이모한테 신발을 선물받았어요.

재 **昨** 년
다시 再    해 年

(뜻) 지난해의 바로 **전** 해.

(예문) [ ][ ][ ] 겨울에는 폭설이 자주 내렸다.

**1** 다음 글 안에 있는 한자의 뜻과 소리를 쓰세요.

나는 재昨년보다 키가 3센티미터 정도 컸어요.

뜻 _____

소리 _____

**2** 빈칸에 들어갈 한자 어휘에 ○ 하세요.

(1) [　　　]에는 올해보다 더위가 심하지 않았습니다.

작년 | 내년

(2) 전 세계는 [　　　]의 기후 위기에 주목하고 있다.

작금 | 적금

**3** 다음 뜻을 가진 한자 어휘를 초성을 참고하여 쓰세요.

(1) 어제. 오늘의 바로 하루 전날. ——— ㅈ ㅇ

(2) 지난해의 바로 전 해. ——— ㅈ ㅈ ㄴ

**도움말** 다른 하나는 '지을 작(作)'을 써요.

**4** 다음 문장을 읽고 '昨'이 쓰인 한자 어휘가 들어 있는 문장에 ✓ 하세요.

[　] ① 시골을 떠날 때 할머니와 작별하는 순간은 항상 슬퍼요.

[　] ② 내 친구 주몽이는 작년도에 양궁 대회에 학교 대표로 나가서 금메달을 땄어.

✦ 한자의 뜻과 소리를 읽어 보세요.

뜻 이제   소리 금

＊'이번, 오늘, 바로'의 뜻이 있어요.

세월이 흘러 지금에 이르렀다는 것을 나타낸 글자예요.

✦ 한자 어휘를 소리 내 읽어 보고 빈칸에 한자 어휘를 쓰세요.

今 년
해 年

뜻   **이번** 해.   비 올해

예문   ☐☐ 여름에는 무척 덥대.

今 주
주일 週

뜻   **이번** 주일.

예문   모두 힘을 내서 ☐☐ 에 작업을 완료합시다.

今 일
날 日

뜻   **오늘**. 지금 지나가고 있는 이날.

예문   ☐☐ 은 진료를 마쳤으니 내일 방문해 주세요.

今 방
모 方

뜻   **바로** 얼마 전에. 시간이 얼마 지나지 않아 곧바로.   비 방금

예문   ☐☐ 구운 빵 냄새는 못 참지.

**1** 다음 글 안에 있는 한자의 뜻과 소리를 쓰세요.

식당에 **今**일 휴업이라고 적혀 있었다.

뜻 _____

소리 _____

**2** 빈칸에 들어갈 한자 어휘를 찾아 선을 이으세요.

(1) 작년과 달리 ☐에는 농사가 풍년이다. •  • ㉠ 금주

(2) 나는 월요일마다 ☐의 계획을 세운다. •  • ㉡ 금년

**3** 밑줄 친 부분의 뜻을 가진 한자 어휘에 ○ 하세요.

오늘은 아침부터 수영장에 다녀왔다. 피곤했는지 침대에 눕고 시간이 얼마 지나지 않아 곧바로 잠들어 버렸다.

금일        금년        금방

**4** 다음 한자 어휘 중 '今'이 쓰인 것에 ✔ 하세요.

☐ ① 지금 ➤ 말하는 바로 이때.

☐ ② 금지 ➤ 어떤 행위를 하지 못하게 함.

☐ ③ 금리 ➤ 빌려준 돈이나 예금 등에 붙는 이자.

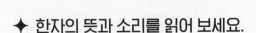

✦ 한자의 뜻과 소리를 읽어 보세요.

뜻    소리

해  년(연)

* '해, 나이'의 뜻이 있어요.
* '년'은 맨 앞에 오면 '연'으로 읽고 써요.

한 해가 끝나면 새로운 해가 시작돼요.
이 글자는 그런 해를 나타내요.

✦ 한자 어휘를 소리 내 읽어 보고 빈칸에 한자 어휘를 쓰세요.

**年 초**
처음 初

뜻  **해**의 처음 무렵.  반 연말

예문  사람들은 ☐☐ 가 되면 계획을 세운다.

**年 상**
윗 上

뜻  자기보다 **나이**가 많음, 또는 그런 사람.  반 연하

예문  엄마는 아빠보다 세 살 ☐☐ 이에요.

**정 年**
머무를 停

뜻  직장에서 물러나도록 정해져 있는 **나이**.

예문  할아버지의 ☐☐ 퇴임식에 다녀왔어요.

**年 年 생**
날 生

뜻  한 살의 **나이** 차이로 아이를 낳음, 또는 그 아이.

예문  언니와 나는 ☐☐☐ 이야.

* 맨 앞에 오는 '年'은 '연'으로, 그 다음에 오는 '年'은 '년'으로 읽고 써요.

**1** 다음 글 안에 있는 한자의 뜻과 소리를 쓰세요.

우리 학교 교장 선생님은 2월에 정**年** 퇴임을 하십니다.

뜻 _____

소리 _____

**2** 빈칸에 들어갈 한자 어휘에 ○ 하세요.

나에게는 한 살 차이 나는 ☐ 동생이 있다. 동생과 나는 학교도 같이 다니고 학원도 같이 다닌다. 우리를 쌍둥이로 보는 친구들도 있다.

연년생          연장자          연소자

**3** 다음 한자 어휘의 알맞은 뜻에 ○ 하세요.

(1) **연초** ( 해 , 월 )의 처음 무렵.

(2) **연상** 자기보다 ( 나이 , 재산 )이/가 많음, 또는 그런 사람.

**4** 다음 한자 어휘의 예문을 읽어 보고 뜻에 알맞은 말에 ○ 하세요.

**흉년**

예문 올해는 흉년이라 농작물이 맛없다.

뜻 농작물이 흉하게 잘 재배되지 않은 ( 해 , 날 ).

월      일

✦ 한자의 뜻과 소리를 읽어 보세요.

| 뜻 | 소리 |
|---|---|
| 옛 | 고 |

\* '옛날, 오랫동안'의 뜻이 있어요.

입(口)에서 입(口)으로 옛날 이야기를 전하는 모습을 나타낸 글자예요.

✦ 한자 어휘를 소리 내 읽어 보고 빈칸에 한자 어휘를 쓰세요.

古 대
대신할 代

뜻  **옛** 시대.

예문  □□의 유물인 고인돌 무덤을 발견했습니다.

古 궁
집 宮

뜻  **옛** 궁궐.

예문  우리나라의 몇몇 □□은 세계문화유산이다.

古 전
법 典

뜻  **오랫동안** 가치가 인정된 문학, 예술 작품. **옛날**의 책이나 작품.

예문  선생님께서 세계 □□을 읽어 보라고 하셨다.

古 물
물건 物

뜻  **오래되어** 낡고 헌 물건.

예문  엄마는 15년 전에 산 □□ 냉장고를 버렸다.

**1** 다음 글 안에 있는 한자의 뜻과 소리를 쓰세요.

위엄 있는 **古**궁의 모습.

뜻 _____

소리 _____

**2** 빈칸에 들어갈 한자 어휘를 <보기>에서 찾아 쓰세요.

보기

고전          고궁          고물          고정

(1) 역사학자들은 (          ) 작품을 통해 조상들의 삶을 연구한다.

(2) 아버지는 할아버지가 남겨 주신 시계가 (          )이 되었지만 몸에 지니고 다니신다.

**3** 밑줄 친 부분의 뜻을 가진 한자 어휘를 찾아 선을 이으세요.

경복궁과 같은 ①옛 궁궐에 가면 마치 시간이 멈춘 것 같은 기분이 듭니다. 곳곳에서 ②옛 시대의 정취를 느낄 수 있기 때문입니다.

① •          • ㉠ 고대

② •          • ㉡ 고궁

어휘추론!

도움말 다른 하나는 '고할 고(告)'를 써요.

**4** 다음 문장을 읽고 '古'가 쓰인 한자 어휘가 들어 있는 문장에 ✓ 하세요.

☐ ① 언니 간식을 몰래 먹은 사람이 나라고 언니에게 고백해야겠지?

☐ ② 나는 이순신 장군이 고금을 막론하고 역사상 가장 위대한 장군이라고 생각해.

**1** 다음 글 안에 있는 한자의 뜻과 소리를 쓰세요.

> ### 20○○年 古궁 夜간 개장 안내
>
> **昨**년에 시민 여러분이 보내 주신 성원에 힘입어 **今**년에도 야간 개장을 시작합니다. 시민 여러분들의 많은 관심 부탁드립니다. 예약은 홈페이지를 통해 이루어집니다.

(1) 年 (             )　　(2) 古 (             )

(3) 夜 (             )　　(4) 昨 (             )

(5) 今 (             )

**2** <보기>의 글자 카드에서 알맞은 글자를 찾아 한자 어휘를 완성하세요.

보기

| 야 | 금 | 작 | 년 | 고 |

(1) 산 위에서 바라본 서울의 [　] [경] 은 정말 멋져!

　↳ **밤**의 경치.

(2) 나는 [　] [방] 밥을 먹었는데 또 배가 고파 빵을 먹었다.

　↳ **바로** 얼마 전에.

(3) 화석을 통해 [　] [대] 생물의 다양한 모습을 관찰할 수 있습니다.

　↳ **옛** 시대.

**3** 다음 뜻과 예문에 맞는 한자 어휘를 초성을 참고하여 쓰세요.

(1)

| ㅇ | ㄴ | ㅅ |
|---|---|---|

뜻 한 살의 **나이** 차이로 아이를 낳음, 또는 그 아이.

예문 나와 동생은 한 살 차이가 나는 ○○○이야.

(2)

| ㅇ | ㄱ |
|---|---|

뜻 **어둠** 속에서 빛을 냄, 또는 그 물건.

예문 이 구슬은 밤에도 ○○이라 잘 보여.

(3)

| ㅇ | ㅊ |
|---|---|

뜻 **해**의 처음 무렵.

예문 ○○에 책 100권 읽기 계획을 세웠는데 벌써 연말이다.

**4** 다음 달력을 보고 <u>잘못</u> 말한 친구를 고르세요. (　　　)

① **도희**: 작년은 2023년이야.

② **지혜**: 금일은 8월 2일이야.

③ **윤정**: 금년은 2025년이야.

④ **민수**: 재작년은 2022년이야.

**5** 다음 글을 읽고 밑줄 친 한자 어휘 중 '古'가 쓰인 것을 모두 찾아 쓰세요.

<u>고전</u> 소설 중 영웅 소설에 대해 들어 보셨나요? 영웅 소설은 위험한 고비를 넘겨 <u>고난</u>을 극복하고 성공한 영웅들의 이야기가 담겨 있습니다. 영웅 소설 중 『홍길동전』은 <u>고금</u>을 막론하고 유명한 소설입니다.

(　　　,　　　)

# 05 생활·3

월        일

✦ 한자의 뜻과 소리를 읽어 보세요.

뜻 | 소리
## 기록할 기

\* '쓰다, 적다'의 뜻이 있어요.
\* '기억하다'의 뜻도 있어요.

말(言)을 적어 기록하는 것을 나타낸 글자예요.

✦ 한자 어휘를 소리 내 읽어 보고 빈칸에 한자 어휘를 쓰세요.

記 자
사람 者

뜻 신문, 방송 등에 실을 기사를 조사하여 **쓰는** 사람.

예문 한 [　　] 가 사건의 목격자와 인터뷰하고 있어요.

일 記
날 日

뜻 날마다 그날그날 겪은 일이나 생각, 느낌 등을 **적은** 글.

예문 선생님께서 매일 [　　] 를 쓰는 것을 숙제로 내 주셨다.

필 記
붓 筆

뜻 글씨를 **씀**. 강의 등의 내용을 받아 **적음**.

예문 오늘 손을 다쳐서 [　　] 를 하지 못했다.

記 념
생각 念

뜻 훌륭한 인물이나 특별한 일 등을 **기억하고** 생각함.

예문 초등학교 입학 [　　] 으로 자전거를 선물받았어요.

\* 이 어휘에서는 '기억하다'의 뜻으로 써요.

**1** 다음 글 안에 있는 한자의 뜻과 소리를 쓰세요.

내 꿈은 **記**자예요. 기자가 되어서 사건의 현장을 생생하게 전달할 거예요.

뜻 _____

소리 _____

**2** 빈칸에 공통으로 들어갈 한자 어휘를 초성을 참고해 쓰세요.

- 준이는 선생님이 불러 주시는 내용을 꼼꼼하게 ☐☐ 했다.
- 내일 한자 능력 시험을 보러 갈 때 ☐☐ 도구를 챙겨 가야 해요.

| ㅍ | ㄱ |
|---|---|

**3** 밑줄 친 부분의 뜻을 가진 한자 어휘에 ○ 하세요.

(1) 『난중일기』는 이순신 장군이 <u>날마다 그날그날 겪은 일이나 생각, 느낌 등을 적은 글</u>이에요.

일기
---
전기

(2) 광복절은 우리나라가 일본의 식민 지배에서 벗어나 광복을 맞이한 것을 <u>기억하고 생각하는</u> 날이에요.

기념
---
기호

**4** 다음 한자 어휘 중 '記'가 쓰인 것에 ✔ 하세요.

☐ ① 기온 ➡ 대기의 온도.

☐ ② 기상 ➡ 잠자리에서 일어남.

☐ ③ 기록 ➡ 어떤 사실을 적음, 또는 그런 글.

월    일

✦ 한자의 뜻과 소리를 읽어 보세요.

뜻 소리
## 대할 대

\* '대하다, 상대'의 뜻이 있어요.

마주 향하여 서서 상대를 대하는 모습을 나타낸 글자예요.

✦ 한자 어휘를 소리 내 읽어 보고 빈칸에 한자 어휘를 쓰세요.

### 對 화
말씀 話

뜻 마주 **대하며** 이야기를 주고받음, 또는 그 이야기.

예문 친구와 ☐☐를 나누며 오해를 풀었다.

### 對 답
대답 答

뜻 부르는 말이나 묻는 것에 **대해** 어떤 답을 함, 또는 그 말.

예문 선생님 질문에 나는 씩씩하게 ☐☐ 했어요.

### 對 조
비칠 照

뜻 **맞대어** 비교해 봄. 서로 달라 대비됨.

예문 틀린 점은 없는지 원본과 ☐☐ 해 봅시다.

### 對 상
코끼리 象

뜻 어떤 일의 **상대** 또는 목표나 목적이 되는 것.

예문 동요는 어린아이를 ☐☐ 으로 한 노래야.

**1** 다음 글 안에 있는 한자의 뜻과 소리를 쓰세요.

> 이 질문에 **對**답할 사람 손 들어 보세요.

뜻 ＿＿＿＿＿＿＿＿

소리 ＿＿＿＿＿＿＿＿

**2** 빈칸에 들어갈 한자 어휘를 글자 카드에서 찾아 만들어 쓰세요.

(1) 생물학자인 아빠의 연구 (　　　　　)은/는 곤충이다. 늘 곤충과 관련된 책을 보신다.

　상　대　체

(2) 여름 방학에 서핑을 한 혜아는 까맣게 탔다. 까만 얼굴과 흰 이가 (　　　　　)되어 보였다.

　대　주　조

**3** 다음 한자 어휘의 알맞은 뜻에 ○ 하세요.

(1) | 대조 | 맞대어 ( 비교 , 고민 )해 봄. 서로 달라 대비됨.

(2) | 대화 | ( 마주 대하며 , 뒤돌아 서서 ) 이야기를 주고받음, 또는 그 이야기.

어휘 추론!

도움말 다른 하나는 '대 대(臺)'를 써요.

**4** 다음 문장을 읽고 '對'가 쓰인 한자 어휘가 들어 있는 문장에 ✔ 하세요.

☐ ① 우리는 연극 공연을 위해 다 같이 모여 대본을 살펴보았다.

☐ ② 엄마가 퇴근하기 전까지는 이야기 상대가 없어서 조금 심심하다.

✦ 한자의 뜻과 소리를 읽어 보세요.

뜻 　소리
살필 　성
덜 　생

＊'살피다'의 뜻이 있어요. '덜다'의 뜻으로 쓰일 때는 '생'으로 읽고 써요.

적은(少) 것도 눈(目)으로 자세히 살피고 돌아보는 모습을 나타낸 글자예요.

✦ 한자 어휘를 소리 내 읽어 보고 빈칸에 한자 어휘를 쓰세요.

반 省
돌이킬 反

뜻 　자신의 말, 행동에 잘못이 없는지 돌이켜 **살펴봄**.

예문 　공자는 매일 자신을 ☐☐ 하라고 하였다.

省 찰
살필 察

뜻 　자기의 마음을 반성하고 **살핌**.

예문 　자신의 내면을 ☐☐ 하는 삶을 살아야 합니다.

省 묘
무덤 墓

뜻 　조상의 산소를 찾아가서 **살피고** 돌봄, 또는 그런 일.

예문 　지난 명절에 우리 가족은 ☐☐ 를 다녀왔습니다.

省 략
간략할 略

뜻 　전체에서 일부를 **덜거나** 뺌.

예문 　이 글에서 ☐☐ 된 부분을 찾아보자.

＊이 어휘에서는 '덜 생'으로 써요.

**1** 다음 글 안에 있는 한자의 뜻과 소리를 쓰세요.

> 아버지는 해마다 **省**묘를 가서 할머니 산소를 정성껏 돌보신다.

뜻 _____

소리 _____

**2** 다음 문장에 알맞은 한자 어휘에 ○ 하세요.

(1) 그 강연은 나 자신을 ( 성공 , 성찰 )할 수 있는 시간이었어.

(2) 이 부분은 전체 내용에서 필요 없으니까 ( 생략 , 생산 )해도 돼.

**3** 퀴즈를 읽고 알맞은 답에 ○ 하세요.

> **나는 무엇일까요?**
>
> 나는 자신의 말, 행동에 잘못이 없는지 돌이켜 생각해 보면서 쓰는 글이야. 뭔가 큰 잘못을 했을 때 선생님께서 나를 쓰라고 하기도 해.

안내문　　　　반성문　　　　설명문

**4** 다음 한자 어휘 중 '省'이 쓰인 것에 ✔ 하세요.

☐ ① 성명 ➡ 성과 이름을 아울러 이르는 말.

☐ ② 자성 ➡ 자기 자신의 태도나 행동을 스스로 살피고 반성함.

☐ ③ 찬성 ➡ 다른 사람의 의견이나 생각 등이 좋다고 인정돼 뜻을 같이함.

✦ 한자의 뜻과 소리를 읽어 보세요.

定

뜻 소리
정할 정

\* '정하다, 재다'의 뜻이 있어요.

마음을 곧게 세워 뜻을 정하는 모습을
나타낸 글자예요.

✦ 한자 어휘를 소리 내 읽어 보고 빈칸에 한자 어휘를 쓰세요.

**결 定**
결단할 決

뜻 행동이나 태도를 분명하게 **정함**, 또는 그렇게 정해진 내용.

예문 삼촌은 목수의 꿈을 위해 직장을 그만두기로 [　][　] 했다.

**선 定**
가릴 選

뜻 여럿 가운데에서 골라서 **정함**.  선발

예문 미술 대회 참가 작품 가운데 우수 작품을 [　][　] 했어요.

**定 기**
기약할 期

뜻 기한, 기간이 일정하게 **정해져** 있음, 또는 그 기한이나 기간.

예문 도서관의 [　][　] 휴무일은 월요일이다.

**측 定**
헤아릴 測

뜻 일정한 양을 기준으로 해 같은 종류의 다른 양의 크기를 **잼**.

예문 측우기는 강수량을 [　][　] 하기 위해 제작되었다.

**1** 다음 글 안에 있는 한자의 뜻과 소리를 쓰세요.

> 아빠는 은행 앱으로 **定**기 적금을 들었어요.

뜻 ＿＿＿＿＿＿＿

소리 ＿＿＿＿＿＿＿

**2** 빈칸에 들어갈 한자 어휘를 <보기>에서 찾아 쓰세요.

보기

| 결정 | 측정 | 선정 | 설정 |
|---|---|---|---|

(1) 사촌 형은 충분히 생각한 끝에 유학을 가기로 (＿＿＿＿＿)했어요.

(2) 지구의 온도를 (＿＿＿＿＿)한 결과 매년 온도가 상승하는 것으로 드러났다.

**3** 밑줄 친 부분의 뜻을 가진 한자 어휘를 초성을 참고하여 쓰세요.

> 길벗 도서관은 독후감 쓰기 대회를 열었다. 우수상을 뽑기 위해 관계자들이 모여 여러 작품 가운데에서 골라서 정한 결과, ○○ 초등학교 5학년 서해강 군이 수상을 하게 되었다.

| ㅅ | ㅈ |
|---|---|

도움말 다른 하나는 '정자 정(亭)'을 써요.

**4** 다음 문장을 읽고 '定'이 쓰인 한자 어휘가 들어 있는 문장에 ✓ 하세요.

☐ ① 우리는 산책을 하다가 정자에 앉아서 쉬었다.

☐ ② 지난주에 독서 모임을 만들었는데 정원이 모두 찼다.

✦ 한자의 뜻과 소리를 읽어 보세요.

뜻  소리
## 모을  집

*'모으다, 모이다'의 뜻이 있어요.

나무 위에 새들이 모여 있는 것을 나타낸 글자예요.

✦ 한자 어휘를 소리 내 읽어 보고 빈칸에 한자 어휘를 쓰세요.

**集合**
합할 合

뜻  사람들을 한곳으로 **모음**, 또는 사람들이 한곳으로 **모임**.

예문  체육 시간이 되자 아이들이 운동장에 ☐☐ 했다.

**集中**
가운데 中

뜻  한곳을 중심으로 하여 **모임**, 또는 그렇게 **모음**. 한 가지 일에 모든 힘을 쏟아부음.

예문  우리나라 인구는 수도권에 ☐☐ 되어 있다.

**수集**
모을 蒐

뜻  여러 가지 물건이나 재료들을 찾아 **모음**.

예문  보고서를 작성하기 위해 필요한 정보를 ☐☐ 하였다.

**集단**
둥글 團

뜻  여럿이 **모여** 이룬 무리나 단체.

예문  꿀벌은 ☐☐ 생활을 하는 곤충에 속합니다.

**1** 다음 글 안에 있는 한자의 뜻과 소리를 쓰세요.

> 아빠 어렸을 때 취미는 우표 수**集**이었대요.

(뜻) _____

(소리) _____

**2** 빈칸에 들어갈 한자 어휘를 찾아 선을 이으세요.

> 오늘 4교시는 교통 안전 교육이다. 교육을 받기 위해 우리는 체육관에 ① [　　] 하였다. 선생님께서는 떠들지 말고 강사님 말씀에 ② [　　] 하라고 하셨다.

①　•

②　•

•　㉠ 집중

•　㉡ 집합

**3** 밑줄 친 부분의 뜻을 가진 한자 어휘에 ○ 하세요.

> 동물들은 먹이를 구하거나 집을 만들때 혼자 하지 않고 서로 도우며 힘을 합칩니다. 개인 보다는 <u>여럿이 모여 이룬 무리</u>의 힘이 세기 때문입니다.

집단　　　　집회　　　　집기

어휘추론!

도움말 다른 하나는 '잡을 집(執)'을 써요.

**4** 다음 문장을 읽고 '**集**'이 쓰인 한자 어휘가 들어 있는 문장에 ✓ 하세요.

[　] ① 전국 초등학교 합창 대회에 함께할 단원을 <u>모집</u>합니다.

[　] ② 김정호는 <u>집념</u> 있게 전국을 돌면서 대동여지도를 완성했다.

**1** 다음 글 안에 있는 한자의 뜻과 소리를 쓰세요.

> '이웃돕기 바자회'에 함께할 자원 봉사자를 모**集**합니다. 어려운 이웃을 **對**상으로 음식도 나누고 필요한 물품도 전달할 예정입니다. 이웃을 도우면서 자신을 **省**찰해 보는 좋은 기회가 될 것입니다. GBS **記**자가 와서 취재도 할 예정입니다. 모두 동참해 주세요.
>
> • 모집 **定**원: 10명　　　• 장소: 행복 복지 회관　　　• 일시: 8월 23일

(1) **集** (　　　　　　　　)　　　　(2) **對** (　　　　　　　　　　)

(3) **省** (　　　　　　　　)　　　　(4) **記** (　　　　　　　　　　)

(5) **定** (　　　　　　　　)

**2** 다음 뜻과 예문에 맞는 한자 어휘를 글자판에서 찾아 묶으세요.

① 뜻 글씨를 **씀**. 강의 등의 내용을 받아 **적음**.
　　예문 나는 수업 내용을 열심히 ○○했다.

② 뜻 **맞대어** 비교해 봄. 서로 달라 대비됨.
　　예문 현장에서 나온 지문과 용의자의 지문을 ○○한 결과 용의자의 것과 달랐다.

③ 뜻 조상의 산소를 찾아가서 **살피고** 돌봄, 또는 그런 일.
　　예문 추석에 ○○를 다녀왔다.

④ 뜻 기한, 기간이 일정하게 **정해져** 있음, 또는 그 기한이나 기간.
　　예문 길벗 오케스트라 가을 ○○ 공연이 열립니다.

| 필 | 기 | 대 | 조 |
|---|---|---|---|
| 식 | 주 | 상 | 화 |
| 반 | 성 | 선 | 정 |
| 찰 | 묘 | 구 | 기 |

**3** 빈칸에 들어갈 한자 어휘를 <보기>에서 찾아 쓰세요.

> 보기
>
> 수집          대화          기념          성찰

(1) 나는 처음 만나는 사람과 (                    )을/를 하는 게 어렵다.

(2) 부모님은 새로 이사 온 (              )(으)로 옆집에 떡을 드렸다.

(3) 사회 시간에 발표해야 하는 주제와 관련된 자료를 (              )하고 있다.

**4** 한자 어휘의 뜻을 읽어 보고 빈칸에 공통으로 들어갈 글자를 쓰세요.

> • 선☐: 여럿 가운데에서 골라서 **정함**.
> • 결☐: 행동이나 태도를 분명하게 **정함**, 또는 그렇게 정해진 내용.                    (          )
> • 측☐: 일정한 양을 기준으로 해 같은 종류의 다른 양의 크기를 **잼**.

**5** 다음 글을 읽고 밑줄 친 한자 어휘 중 '集'이 쓰인 것을 모두 찾아 쓰세요.

> 개미는 <u>집단</u> 생활을 하며 협업에 길들여진 곤충입니다. 한 마리가 먹이를 찾으면 다른 개미들이 그곳에 <u>집합</u>해서 먹이를 모으는 일을 합니다. 개미들은 최대한 많은 먹이를 모아서 같이 먹겠다는 <u>집념</u>으로 부지런히 움직입니다.

(          ,          )

# 06 움직임·2

지난주의 한자 배운 한자를 떠올리며 빈칸에 뜻과 소리를 쓰세요.

記　　對　　省　　定　　集

___　___　___　___　___

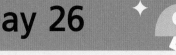
✦ 한자의 뜻과 소리를 읽어 보세요.

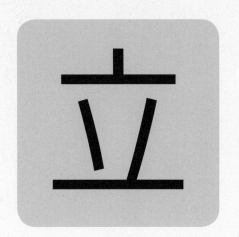

**뜻** **소리**

## 설  립(입)

＊'서다, 세우다'의 뜻이 있어요.
＊'립'은 맨 앞에 오면 '입'으로 읽고 써요.

땅 위에 사람이 서 있는 모습을 본뜬 글자예요.

✦ 한자 어휘를 소리 내 읽어 보고 빈칸에 한자 어휘를 쓰세요.

**독 立**
홀로 獨

> **뜻** 남에게 의존하지 않고 홀로 **섬**. 한 나라가 완전한 주권을 가짐.
>
> **예문** 이모는 스무 살 때 부모님으로부터 ☐☐ 을 하였다.

**고 立**
외로울 孤

> **뜻** 다른 곳이나 사람과 교류하지 못하고 혼자 따로 떨어져 **섬**.
>
> **예문** 폭설로 길이 끊겨 마을이 ☐☐ 상태다.

**立 장**
마당 場

> **뜻** 지금 **서 있는** 상황. 당면하고 있는 상황.
>
> **예문** 친구들 싸움을 말리다 내 ☐☐ 만 난처해졌어요.

**국 立**
나라 國

> **뜻** 나라에서 **세우고** 관리함. **반** 사립
>
> **예문** ☐☐ 박물관으로 체험 학습을 갔어요.

**1** 다음 글 안에 있는 한자의 뜻과 소리를 쓰세요.

인간은 고**立**되어 혼자 살 수 없어요.

뜻 _____

소리 _____

**2** 빈칸에 들어갈 한자 어휘를 <보기>에서 찾아 쓰세요.

보기

| 직립 | 입장 | 독립 | 고립 |

(1) 안중근 의사는 나라의 (                )을 위해 끝까지 싸웠어요.

(2) 그 정치인은 이번 사건에 대한 자신의 (                )을 밝혔다.

(3) 태풍으로 배가 끊겨 몇몇 섬들이 (                ) 상태가 되었다.

**3** 밑줄 친 부분의 뜻을 가진 한자 어휘에 ○ 하세요.

우리 반은 체험 학습으로 <u>나라에서 세우고 관리하는</u> 공룡 박물관에 갔어요. 아주 큰 공룡 모형도 전시되어 있고, 실제 화석도 볼 수 있었어요.

설립          사립          국립

도움말 다른 하나는 '들 입(入)'을 써요.

**4** 다음 문장을 읽고 '立'이 쓰인 한자 어휘가 들어 있는 문장에 ✔ 하세요.

☐ ① 내 동생은 올해 초등학교에 <u>입학</u>했어요.

☐ ② 검사는 그 사람이 범인이라는 사실을 <u>입증</u>했어요.

✦ 한자의 뜻과 소리를 읽어 보세요.

뜻  소리
## 다닐 행

* '가다'의 뜻이 있어요.
* '행하다'의 뜻도 있어요.

사거리의 모양을 본떠 사람들이 다니는 모습을 나타낸 글자예요.

✦ 한자 어휘를 소리 내 읽어 보고 빈칸에 한자 어휘를 쓰세요.

### 行 군
군사 軍

뜻  여러 사람이나 군대가 줄을 지어 먼 거리를 **가는** 일

예문  병사들이 나란히 줄을 지어 [ ][ ]을 합니다.

### 行 방
모 方

뜻  **간** 곳이나 방향.

예문  이 사건의 유력한 용의자의 [ ][ ]을 찾고 있다.

### 行 동
움직일 動

뜻  몸을 움직여 어떤 일이나 동작을 **행함**.

예문  골목길에서 공놀이를 하는 것은 위험한 [ ][ ]이다.

* 이 어휘에서는 '행하다'의 뜻으로 써요.

### 行 사
일 事

뜻  어떤 일을 실제로 **행함**, 또는 그 일.

예문  우리 마을에서는 해마다 5월에 가족 [ ][ ]가 열려요.

* 이 어휘에서는 '행하다'의 뜻으로 써요

**1** 다음 글 안에 있는 한자의 뜻과 소리를 쓰세요.

> 지하철역 앞 광장에서 어린이날 **行**사가 열렸어요.

뜻 _____

소리 _____

**2** 빈칸에 들어갈 한자 어휘를 글자 카드에서 찾아 만들어 쓰세요.

(1) 정의롭게 ( )하는 전봉준을 많은 농민들이 따르고 존경했다.

행　　당　　동

(2) 비가 퍼붓자 군인들은 ( )을 멈추고 길에서 잠시 휴식을 취했다.

군　　국　　행

**3** 밑줄 친 부분의 뜻을 가진 한자 어휘를 찾아 ○ 하세요.

> 내 하얀색 가방이 어디 갔지? 어제까지 분명 여기에 있었는데 <u>간 곳이나 방향</u>을 모르겠네.

행로　　　　행사　　　　행방

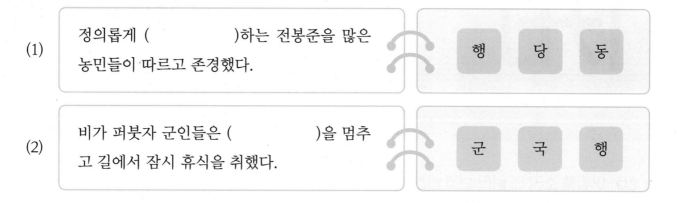

**도움말** 다른 하나는 '다행 행(幸)'을 써요.

**4** 다음 글을 읽고 '行'이 쓰인 한자 어휘를 찾아 번호를 쓰세요. ( )

> 오늘의 날씨를 알려 드리겠습니다. 오늘 전국이 영하의 기온으로 떨어졌습니다. 갑자기 추워진 날씨에 ①행인들은 집으로 발걸음을 재촉했습니다. 오늘까지 기온이 영하에 머물다가 ②다행히 내일부터는 영상으로 오를 것으로 예상됩니다.

월      일

✦ 한자의 뜻과 소리를 읽어 보세요.

뜻 소리

열 개

\* '열다'의 뜻이 있어요.
\* '처음, 시작하다'의 뜻도 있어요.

양쪽 문(門)을 여는 모습을 나타낸 글자
예요.

✦ 한자 어휘를 소리 내 읽어 보고 빈칸에 한자 어휘를 쓰세요.

開방
놓을 放

뜻 자유롭게 들어가거나 이용할 수 있도록 **열어** 놓음. **반** 폐쇄

예문 여름에는 체육 회관 수영장을 ☐☐합니다.

開발
필 發

뜻 새로운 물건을 만들거나 새로운 생각을 **처음**으로 내놓음.

예문 우리 회사는 새로운 제품을 ☐☐하였습니다.

\* 이 어휘에서는 '처음'의 뜻으로 써요.

開교
학교 校

뜻 학교를 세워 운영을 **시작함**. **반** 폐교

예문 우리 학교는 ☐☐한 지 벌써 10년이 흘렀다.

\* 이 어휘에서는 '시작하다'의 뜻으로 써요.

開학
배울 學

뜻 학교에서 방학 등으로 쉬었다가 다시 수업을 **시작함**.

예문 방학한 지가 엊그제 같은데 내일이 벌써 ☐☐이야.

\* 이 어휘에서는 '시작하다'의 뜻으로 써요.

**1** 다음 글 안에 있는 한자의 뜻과 소리를 쓰세요.

> 내일은 **開**교 기념일이라서 학교에 안 간다.

뜻 _____

소리 _____

**2** 빈칸에 공통으로 들어갈 한자 어휘에 ○ 하세요.

> • ☐ 이 다가오는데 아직 방학 숙제가 많이 남았다.
>
> • 내일은 ☐ 이라 오랜만에 학교에 갈 기분에 설레요.

개학    방학    휴학

**3** 다음 뜻을 가진 한자 어휘를 초성을 참고하여 빈칸에 쓰세요.

(1) 새로운 물건을 만들거나 새로운 생각을 처음으로 내놓음. — ㄱ ㅂ

(2) 자유롭게 들어가거나 이용할 수 있도록 열어 놓음. — ㄱ ㅂ

도움말 다른 하나는 '낱 개(個)'를 써요.

**4** 다음 문장을 읽고 '開'가 쓰인 한자 어휘가 들어 있는 문장에 ✔ 하세요.

☐ ① 올림픽 개막식이 성대하게 열렸습니다.

☐ ② 현대 사회는 사람들의 다양한 개성을 중요시하는 시대이다.

월    일

✦ 한자의 뜻과 소리를 읽어 보세요.

放

(뜻) 놓을  (소리) 방

＊'놓다, 내버려 두다'의 뜻이 있어요.

잡은 나비를 놓아주는 것처럼 무엇인가를 놓는 것을 나타낸 글자예요.

✦ 한자 어휘를 소리 내 읽어 보고 빈칸에 한자 어휘를 쓰세요.

### 放 목
칠 牧

(뜻) 가축을 **놓아** 기르는 일.

(예문) 할아버지는 시골에서 소를 [  ][  ] 해 키우고 계십니다.

### 放 심
마음 心

(뜻) 마음을 풀어 **놓아** 버림.  (비) 부주의

(예문) 적이 [  ][  ] 한 틈을 타 습격하라.

### 放 학
배울 學

(뜻) 일정 기간 동안 수업을 **놓고** 쉬는 일, 또는 그 기간.

(예문) 드디어 오늘부터 손꼽아 기다리던 [  ][  ] 이다.

### 放 치
둘 置

(뜻) 무관심하게 그대로 **내버려 둠**.  (비) 방관

(예문) 상처를 [  ][  ] 하면 흉터가 남으니까 연고를 바르자.

**1**  다음 글 안에 있는 한자의 뜻과 소리를 쓰세요.

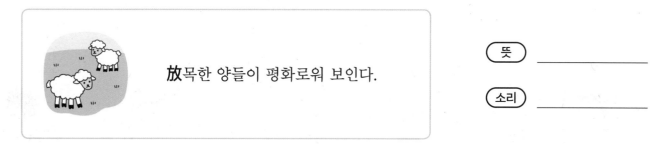

**放**목한 양들이 평화로워 보인다.

뜻 _____

소리 _____

**2**  빈칸에 들어갈 한자 어휘를 글자 카드에서 찾아 만들어 쓰세요.

(1) 낮은 산이라고 ( )하면 다칠 수도 있으니 조심해서 올라야 한다.

| 방 | 심 | 장 |

(2) 아파트 단지 내에 장기간 ( )된 자전거를 치우라는 방송이 나왔다.

| 방 | 면 | 치 |

**3**  퀴즈를 읽고 알맞은 답을 초성을 참고해 쓰세요.

힌트 1. 이것은 학교에 가지 않아도 되어서 학생들이 좋아해.

힌트 2. 이것은 일정 기간 동안 수업을 놓고 쉬는 기간을 말해.

| ㅂ | ㅎ |

**4**  다음 한자 어휘 중 '放'이 쓰인 것에 ✔ 하세요.

☐ ① 방류 ➡ 모아 둔 물을 흘려 내보냄.

☐ ② 방수 ➡ 물이 새거나 스며들지 않도록 막음.

☐ ③ 방해 ➡ 남의 일을 간섭하고 막아 해를 끼침.

✦ 한자의 뜻과 소리를 읽어 보세요.

(뜻) (소리)
## 돌이킬 반

\* '돌이키다, 되풀이하다'의 뜻이 있어요.
\* '맞서다, 반대, 반대하다'의 뜻도 있어요.

서로 돌이켜 반대로 가는 모습을 나타낸 글자예요.

✦ 한자 어휘를 소리 내 읽어 보고 빈칸에 한자 어휘를 쓰세요.

反 복
회복할 復

(뜻) 같은 일을 **되풀이함**.

(예문) 이 노래는 같은 가사가 [ ][ ] 되고 있다.

反 대
대할 對

\* 이 어휘에서는 '맞서다'의 뜻으로 써요.

(뜻) 두 사물이 모양, 위치, 방향, 순서에서 서로 **맞섬**, 또는 그런 상태.
어떤 행동이나 의견 등을 따르지 않고 거스름.

(예문) 지구는 시계 [ ][ ] 방향으로 돌고 있습니다.

反 사
쏠 射

\* 이 어휘에서는 '반대'의 뜻으로 써요.

(뜻) 빛이나 전파 등이 다른 물체 표면에 부딪혀서 나아가던 방향이 **반대**로 바뀌는 현상.

(예문) 햇빛이 [ ][ ] 되어서 눈이 부셔.

反 론
논할 論

\* 이 어휘에서는 '반대하다'의 뜻으로 써요.

(뜻) 남의 의견에 **반대하여** 말함, 또는 그런 주장.

(예문) 그 의견에 [ ][ ] 을 제기합니다.

**1** 다음 글 안에 있는 한자의 뜻과 소리를 쓰세요.

> 무엇이든 反복해서 연습하면 잘할 수 있을 거야!

(뜻) _____

(소리) _____

**2** 빈칸에 들어갈 한자 어휘를 <보기>에서 찾아 쓰세요.

> 보기
>
> 반사        반납        반대        반동

(1) 오늘은 거울을 이용해 빛의 (            )에 대한 실험을 해 봅시다.

(2) 호찬이는 학급 회의 때 영민이의 생각과 다른 (            ) 의견을 냈다.

**3** 다음 한자 어휘의 알맞은 뜻에 ○ 하세요.

| (1) | 반복 | 같은 일을 ( 되풀이함 , 되돌아봄 ). |
|---|---|---|

| (2) | 반론 | 남의 의견에 ( 찬성 , 반대 )하여 말함, 또는 그런 주장. |
|---|---|---|

어휘추론!

도움말 다른 하나는 '짝 반(伴)'을 써요.

**4** 다음 문장을 읽고 '反'이 쓰인 한자 어휘가 들어 있는 문장에 ✓ 하세요.

☐ ① 성준이는 학급 회의에서 나온 의견에 <u>반기</u>를 들었다.

☐ ② 아이들이 선생님의 피아노 <u>반주</u>에 맞춰 노래를 불렀습니다.

**1** 다음 글 안에 있는 한자의 뜻과 소리를 쓰세요.

> 여러분, 드디어 오늘이 여러분이 기다리고 기다리던 **放**학이에요.
> 여러분이 하고 싶은 일들을 잘 생각해서 계획을 짜 보세요. 여러 가지 **行**사에도 참여하고, 매일매일 줄넘기도 **反**복해서 연습하세요. 국**立** 박물관에 가서 전시도 꼭 보고 오세요. 자, 그럼 우리 **開**학하고 다시 만나요!

(1) 放 (　　　　　　　)　　　(2) 行 (　　　　　　　　　)

(3) 反 (　　　　　　　)　　　(4) 立 (　　　　　　　　　)

(5) 開 (　　　　　　　)

**2** 가로 열쇠, 세로 열쇠를 풀어 낱말 퍼즐을 완성하세요.

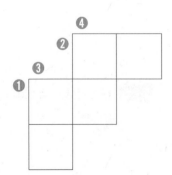

가로 열쇠

❶ 뜻 일정 기간 동안 수업을 **놓고** 쉬는 일, 또는 그 기간.
  예문 놀이공원은 ○○을 맞은 아이들로 붐볐다.

❷ 뜻 학교를 세워 운영을 **시작함**.
  예문 교문 입구에 ○○ 백 주년 기념탑이 있어.

세로 열쇠

❸ 뜻 가축을 **놓아** 기르는 일.
  예문 넓은 초원에 ○○하는 소들이 있다.

❹ 뜻 학교에서 방학 등으로 쉬었다가 다시 수업을 **시작함**.
  예문 ○○을 맞이해 학용품을 사야지.

**3** 뜻풀이에 맞는 한자 어휘를 찾아 선을 이으세요.

(1) 간 곳이나 방향. •

(2) 같은 일을 되풀이함. •

(3) 무관심하게 그대로 내버려 둠. •

• ㉠ 방치

• ㉡ 행방

• ㉢ 반복


**4** 다음 밑줄 친 한자 어휘를 잘못 사용한 친구를 고르세요. (       )

① 태수: 햇빛이 거울에 반사되어서 눈이 부셨다.

② 지연: 이번 행방에서 다양한 체험을 할 수 있을 거예요.

③ 정민: 게임 프로그램을 개발하려고 코딩을 공부하고 있어.


**5** 다음 글을 읽고 밑줄 친 한자 어휘 중 '放'이 쓰인 것을 찾아 쓰세요.

> 오늘 회의 시간에는 교실 창가에 방치된 화분을 어떻게 관리할 것인지 의견을 나눠 보겠습니다. 원래는 출입문 쪽에 있던 나무가 자라다 보니 통행에 방해되어 창가로 옮기게 되었는데요. 그 이후로 아무도 물을 주지 않아 나무가 말라 가고 있습니다. 해결 방법이 있다면 손을 들고 이야기해 주세요.

(       )

# 07 상태·4

**지난주의 한자** 배운 한자를 떠올리며 빈칸에 뜻과 소리를 쓰세요.

| 立 | 行 | 開 | 放 | 反 |
|---|---|---|---|---|
| ___ | ___ | ___ | ___ | ___ |

✦ 한자의 뜻과 소리를 읽어 보세요.

**空**

뜻 **빌**    소리 **공**

\* '비다'의 뜻이 있어요.
\* '헛되다'의 뜻도 있어요.

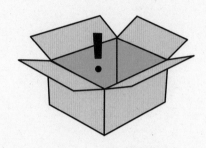

상자 안이 텅 비어 있네요. 이 글자는 어떤 공간에 아무것도 없는 것을 나타내요.

✦ 한자 어휘를 소리 내 읽어 보고 빈칸에 한자 어휘를 쓰세요.

**空 중**
가운데 中

뜻 하늘과 땅 사이의 **빈** 곳.

예문 〔 | 〕에 높이 나는 새가 자유로워 보였다.

**空 복**
배 腹

뜻 배 속이 **비어 있는** 상태, 또는 그 배 속.

예문 내일 아침까지 〔 | 〕 상태로 병원에 오세요.

**空 책**
책 冊

뜻 **빈** 종이로 묶어 놓은 책. 🅑 노트

예문 동생이 〔 | 〕에 받아쓰기 연습을 해요.

**空 상**
생각 想

뜻 비현실적이거나 실현될 가망이 없는 **헛된** 생각.

예문 나는 〔 | 〕에 빠져 누가 부르는지도 몰랐다.

\* 이 어휘에서는 '헛되다'의 뜻으로 써요.

**1** 다음 글 안에 있는 한자의 뜻과 소리를 쓰세요.

> 어렸을 때 보던 **空**상 과학 소설 속 일들이 현실에서 일어나기도 한다.

뜻 _____

소리 _____

**2** 빈칸에 공통으로 들어갈 한자 어휘에 ○ 하세요.

(1)
- 이 약은 식사 전 [　　] 에 먹어야 합니다.
- 아침 운동은 [　　] 에 하면 더 효과적이에요.

공란
- - - - -
공복

(2)
- 여객기가 폭발해 파편이 [　　] 에 흩어졌다.
- 놀이 기구가 [　　] 으로 솟아오르는 걸 보니 갑자기 겁이 났다.

공중
- - - - -
공동

**3** 다음 뜻을 가진 한자 어휘를 초성을 참고하여 빈칸에 쓰세요.

> 빈 종이로 묶어 놓은 책.

ㄱ　ㅊ

**어휘 추론!**

도움말 다른 하나는 '공평할 공(公)'을 써요.

**4** 다음 문장을 읽고 '空'이 쓰인 한자 어휘가 들어 있는 문장에 ✔ 하세요.

[　] ① 뮤지컬 공연장은 공석이 보이지 않을 정도로 꽉 찼다.

[　] ② 여러 사람이 함께 사용하는 공중 시설을 함부로 사용하면 안 된다.

✦ 한자의 뜻과 소리를 읽어 보세요.

뜻 소리
## 한가지 동

＊'같다, 같이하다'의 뜻이 있어요.

이야기(口)를 같이 하는 것을 나타낸 글자예요.

✦ 한자 어휘를 소리 내 읽어 보고 빈칸에 한자 어휘를 쓰세요.

 同 점
점 點

뜻 점수가 **같음**, 또는 **같은** 점수.

예문 우리가 2:1로 지고 있었는데 골을 넣어 ☐☐ 이 되었다.

 同 행
다닐 行

뜻 **같이** 길을 감. 🔵 동반

예문 나는 할머니가 병원 가시는 길에 ☐☐ 했어요.

同 참
참여할 參

뜻 어떤 모임이나 일에 **같이** 참가함.

예문 우리 가족은 불우 이웃 돕기에 ☐☐ 했어요.

同 시
때 時

뜻 **같은** 때나 시기.

예문 나와 친구는 ☐☐ 에 "네."라고 대답했어요.

**1** 다음 글 안에 있는 한자의 뜻과 소리를 쓰세요.

시민 여러분이 **同**참해 주신 덕분에 이 행사를 성공적으로 끝낼 수 있었습니다.

뜻 _____

소리 _____

**2** 빈칸에 공통으로 들어갈 한자 어휘에 ○ 하세요.

- 어제 야구 경기는 [    ]으로 무승부였어.
- 이번 콩쿠르는 1, 2등이 [    ]이라서 공동 우승의 결과가 나왔다.

동점
------
동의

**3** 밑줄 친 부분의 뜻을 가진 한자 어휘에 ○ 하세요.

(1) 두 사건은 <u>같은 시기</u>에 일어났어요.

동시 | 동기

(2) 학교를 마치고 집 방향이 같은 해찬이와 <u>같이 갔다</u>.

동정 | 동행

**4** 다음 한자 어휘 중 '同'이 쓰인 것에 모두 ✓ 하세요.

[ ] ① 동고동락 ➞ 괴로움도 즐거움도 함께함.

[ ] ② 엄동설한 ➞ 눈 내리는 깊은 겨울의 심한 추위.

[ ] ③ 일심동체 ➞ 한마음 한 몸이라는 뜻으로 서로 굳게 결합함을 이르는 말.

✦ 한자의 뜻과 소리를 읽어 보세요.

뜻 소리
있을 재

*'있다'의 뜻이 있어요.

매미가 있어!

나무에 매미가 붙어 있는 것처럼 무엇이 있는 것을 나타낸 글자예요.

✦ 한자 어휘를 소리 내 읽어 보고 빈칸에 한자 어휘를 쓰세요.

**在 고**
곳집 庫

뜻 창고 등에 쌓여 **있음**. 창고에 **있는** 물건.

예문 창고에 ☐☐ 상품을 보관하고 있어요.

**在 래**
올 來

뜻 예전부터 **있어** 전하여 내려옴.   반 외래

예문 할머니께서 매년 ☐☐ 된장을 담가 보내 주신다.

**존 在**
있을 存

뜻 실제로 **있음**, 또는 그런 대상.

예문 지구에 수많은 생명체가 ☐☐ 합니다.

**在 외**
바깥 外

뜻 외국에 **있음**.

예문 이 성금은 ☐☐ 동포들이 보내 준 것입니다.

**1** 다음 글 안에 있는 한자의 뜻과 소리를 쓰세요.

이 바구니는 **在**래 방식으로 대나무를 엮어 만든 거야.

뜻 _____

소리 _____

**2** 빈칸에 들어갈 한자 어휘를 <보기>에서 찾아 쓰세요.

보기

재고          존재          재래          재위

(1) 휴대 전화는 우리에게 없어서는 안 될 (              )가 되었어.

(2) 요즘 (              )시장은 큰 마트가 생기면서 어려움을 겪고 있다.

**3** 밑줄 친 부분의 뜻을 가진 한자 어휘를 초성을 참고해 쓰세요.

(1) 아빠는 의류 회사에 다니신다. 요즘 <u>창고에 있는 물건</u>이 얼마나 남아 있는지 조사하시느라 바빠서 집에 늦게 들어오신다.

ㅈ ㄱ

(2) 요즘 우리나라의 드라마, 영화, 가요 등이 세계적으로 큰 관심을 받고 있다. <u>외국에 있는</u> 동포들도 자부심을 느낀다고 한다.

ㅈ ㅇ

어휘 추론!

도움말 다른 하나는 '심을 재(栽)'를 써요.

**4** 다음 문장을 읽고 '在'가 쓰인 한자 어휘가 들어 있는 문장에 ✔ 하세요.

☐ ① 나는 초등학교, 언니는 중학교에 <u>재학</u> 중입니다.

☐ ② 할아버지는 농촌에서 다양한 과일을 <u>재배</u>하신다.

월    일

✦ 한자의 뜻과 소리를 읽어 보세요.

**뜻** **소리**

**잃을 실**

\* '잃다'의 뜻이 있어요.
\* '벗어나다, 잘못하다'의 뜻도 있어요.

손에 들고 있던 물건을 잃은 모습을 본뜬 글자예요.

✦ 한자 어휘를 소리 내 읽어 보고 빈칸에 한자 어휘를 쓰세요.

**失 망**
바랄 望

**뜻** 기대하던 대로 되지 않아 희망을 **잃거나** 마음이 상함.

**예문** 비가 와서 소풍이 취소되어 ☐☐을 했다.

**손 失**
덜 損

**뜻** 줄거나 **잃어버려서** 손해를 봄, 또는 그 손해.

**예문** 오랜 장마로 농촌 지역은 경제적 ☐☐을 입었다.

**失 례**
예도 禮

**뜻** 말이나 행동이 예의에 **벗어남**, 또는 그런 말이나 행동.

**예문** 나는 ☐☐인 걸 알면서도 친구에게 밤 늦게 전화를 했다.

\* 이 어휘에서는 '벗어나다'의 뜻으로 써요.

**失 수**
손 手

**뜻** 조심하지 않아 **잘못함**, 또는 그런 행위.

**예문** 밥을 먹다가 ☐☐로 컵을 깨트렸어요.

\* 이 어휘에서는 '잘못하다'의 뜻으로 써요.

**1** 다음 글 안에 있는 한자의 뜻과 소리를 쓰세요.

失례지만 지금 몇 시입니까?

⊂뜻⊃ _____

⊂소리⊃ _____

**2** 빈칸에 들어갈 한자 어휘를 글자 카드에서 찾아 만들어 쓰세요.

(1) 가족들과 맛집을 찾아갔지만 불친절하고 맛없어서 (　　　　)했다.

실　명　망

(2) 계산을 할 때 (　　　　)을/를 많이 해서 수학 시험을 망쳤어요.

제　실　수

**3** 다음 뜻을 가진 한자 어휘를 초성을 참고하여 빈칸에 쓰세요.

줄거나 잃어버려서 손해를 봄, 또는 그 손해.

| ㅅ | ㅅ |

도움말 다른 하나는 '열매 실(實)'을 써요.

**4** 다음 문장을 읽고 '失'이 쓰인 한자 어휘의 번호를 쓰세요. (　　　　)

수혁: 쇼트 트랙 단체전에서 우리나라 선수들이 ①실격당했대.

민지: 진짜? 충분히 1등할 수 있는 ②실력인데 너무 안타깝네.

월    일

## ✦ 한자의 뜻과 소리를 읽어 보세요.

特

뜻 소리
특별할 **특**

*'특별하다'의 뜻이 있어요.

특별한 네잎클로버처럼 보통과 구별되게 다른 것을 나타낸 글자예요.

## ✦ 한자 어휘를 소리 내 읽어 보고 빈칸에 한자 어휘를 쓰세요.

**特 강**
욀 講

뜻 **특별히** 하는 강의.

예문 도서관에서 학생들을 대상으로 글쓰기 [ ][ ]이 열렸다.

**特 성**
성품 性

뜻 일정한 사물에만 있는 **특별한** 성질.

예문 고양이의 행동 [ ][ ]을 관찰해 봅시다.

**特 기**
재주 技

뜻 남이 가지지 못한 **특별한** 기술이나 기능.

예문 우리 누나의 [ ][ ]는 백 미터 달리기야.

**特 산 품**
낳을 産    물건 品

뜻 어떤 지역에서 **특별히** 생산되는 물품.

예문 이곳은 인삼이 [ ][ ][ ]으로 유명하다.

**1** 다음 글 안에 있는 한자의 뜻과 소리를 쓰세요.

이 식물은 추위에 강한 **特**성을 가지고 있습니다.

뜻 _____

소리 _____

**2** 다음 문장에 들어갈 한자 어휘에 ○ 하세요.

(1) 학교에서는 여름 방학 동안 컴퓨터 배우기 ( 특강 , 특전 )을 개설한다.

(2) 예술 중학교에는 음악, 미술 등에 ( 특보 , 특기 )가 있는 아이들이 모여 있다.

**3** 밑줄 친 부분의 뜻을 가진 한자 어휘에 ○ 하세요.

오늘 가족들과 함께 강화도에 다녀왔다. 바다도 보고 단군이 제사를 지냈다고 하는 참성단 도 가 보았다. 전통 시장에서는 이 지역에서 특별히 생산되는 물품인 화문석이라는 것을 팔고 있었다. 화문석이란 꽃 모양의 전통 돗자리인데 화려한 무늬가 인상적이었다.

골동품          특산품          귀중품

**4** 다음 한자 어휘의 예문을 읽어 보고 뜻에 알맞은 말에 ○ 하세요.

특권

예문 조선 시대에 양반은 특권을 누리는 계급이었다.

뜻 ( 특별한 , 이상한 ) 권리.

**1** 다음 글 안에 있는 한자의 뜻과 소리를 쓰세요.

> 이번 주말 태풍이 한반도를 강타했습니다. 간판이 **空**중으로 날아가고 태풍과 **同**시에 비
> 도 많이 내려 지하 주차장이 물에 잠기기도 했습니다. **在**고를 쌓아 둔 창고가 물에 잠기
> 고 축사가 무너지기도 했습니다. 다행히 **特**별한 인명 피해는 없었으나, 전국 곳곳의 시
> 민들이 경제적 손**失**을 입게 되었습니다.

(1) **空** (                    )　　(2) **同** (                    )

(3) **在** (                    )　　(4) **特** (                    )

(5) **失** (                    )

**2** <보기>의 글자 카드에서 알맞은 글자를 찾아 한자 어휘를 완성하세요.

보기

| 실 | 특 | 재 | 동 | 공 |

(1)  생명을 살리는 헌혈에 [      | 참 ]해 주세요.

↳ 어떤 모임이나 일에 **같이** 참가함.

(2)  아침밥을 먹기 전 [      | 복 ]에 그 약을 드세요.

↳ 배 속이 **비어 있는** 상태, 또는 그 배 속.

(3)  창고에 비가 새는 바람에 [      | 고 ] 상품이 다 젖어 버렸다.

↳ 창고 등에 쌓여 **있음**.

**3** 다음 뜻과 예문에 맞는 한자 어휘를 초성을 참고하여 쓰세요.

(1) | ㅅ | ㅅ |
> **뜻** 조심하지 않아 **잘못함**, 또는 그런 행위.
> **예문** 수학 문제를 푸는데 계산 ○○를 자주 한다.

(2) | ㅌ | ㅅ |
> **뜻** 일정한 사물에만 있는 **특별한** 성질.
> **예문** 이 옷은 방수 효과가 뛰어난 ○○을 가지고 있다.

(3) | ㄷ | ㅎ |
> **뜻** **같이** 길을 감.
> **예문** 피아노 학원을 마치고 집에 갈 때 건이와 ○○을 했다.

**4** 빈칸에 들어갈 알맞은 한자 어휘에 ○ 하세요.

(1) 종원이 삼촌은 요리를 잘하는 ☐☐을/를 살려 아주 유명한 요리사가 되었다.

특기
- - - - - -
특권

(2) 며칠 동안 열심히 공부했는데 시험에 떨어졌어요. ☐☐이/가 컸지만 다시 한번 도전할 거예요.

실례
- - - - - -
실망

**5** 다음 글을 읽고 밑줄 친 한자 어휘 중 '在'가 쓰인 것을 모두 찾아 쓰세요.

> 우리 이모는 어렸을 때부터 발레에 잠재력이 있었어요. 지금은 모스크바에 있는 발레 학교에 재학 중이에요. 외국 신문에 '대한민국이 낳은 인재'라는 기사가 실리기도 했어요.

(       ,       )

# 08 상태·5

지난주의 한자 배운 한자를 떠올리며 빈칸에 뜻과 소리를 쓰세요.

空　　同　　在　　失　　特

_____　_____　_____　_____　_____

월       일

✦ 한자의 뜻과 소리를 읽어 보세요.

（뜻）（소리）
새     신

＊ '새로, 새롭다'의 뜻이 있어요.

새로 산 신발처럼 사용한 지 얼마 되지 않은 새것을 나타낸 글자예요.

✦ 한자 어휘를 소리 내 읽어 보고 빈칸에 한자 어휘를 쓰세요.

**新 년**
해 年

（뜻） **새로** 시작되는 해.  🔵 새해

（예문） ☐☐ 을 맞이해 올해는 책 10권을 읽기로 다짐했다.

**新 인**
사람 人

（뜻） 어떤 분야에 **새롭게** 등장한 사람.

（예문） 올해 프로 야구에는 ☐☐ 들이 많이 등장하였다.

**新 문**
들을 聞

（뜻） 세상에 일어나는 **새로운** 일들을 알려 주는 간행물.

（예문） 요즘은 종이 ☐☐ 을 보는 사람이 많지 않다.

**新 기 록**
기록할 記   기록할 錄

（뜻） 이전 기록보다 뛰어난 **새로운** 기록.

（예문） 백 미터 달리기에서 ☐☐☐ 을 세웠어요.

**1** 다음 글 안에 있는 한자의 뜻과 소리를 쓰세요.

> 할머니는 매일 **新**문을 보세요. 경제, 정치, 사회, 문화 모든 분야에 관심이 많으세요.

( 뜻 ) _____

( 소리 ) _____

**2** 빈칸에 들어갈 한자 어휘를 <보기>에서 찾아 쓰세요.

보기

| 신년 | 신인 | 신정 | 신문 |

(1) GBS 방송국에서 새로운 해를 맞이하여 (              ) 음악회를 열었다.

(2) 그는 노래를 처음 발표한 (              ) 가수인데도 춤과 노래 실력이 뛰어났다.

**3** 밑줄 친 부분의 뜻을 가진 한자 어휘를 찾아 선을 이으세요.

> 높이뛰기 김우찬 선수는 한 인터뷰에서 ①새로 시작되는 해에는 더 노력해서 ②이전 기록보다 뛰어난 새로운 기록을 세우고 싶다고 하였다.

① •                    • ㉠ 신년

② •                    • ㉡ 신기록

어휘추론!

도움말 다른 하나는 '믿을 신(信)'을 써요.

**4** 다음 문장을 읽고 '新'이 쓰인 한자 어휘가 들어 있는 문장에 ✔ 하세요.

☐ ① 광개토 대왕은 승리를 <u>확신</u>하며 영토를 넓혀 나갔다.

☐ ② <u>최신</u> 망원경을 이용해서 별자리를 자세히 볼 수 있었어요.

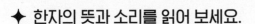

월        일

✦ 한자의 뜻과 소리를 읽어 보세요.

**뜻** **소리**

# 날랠 용

\* '용감하다, 용기가 있다, 씩씩하다'의 뜻이 있어요.

힘(力)이 세고 날랜 모습을 나타낸 글 자예요.

✦ 한자 어휘를 소리 내 읽어 보고 빈칸에 한자 어휘를 쓰세요.

**勇 감**
감히 敢

**뜻** **용기가 있으며** 씩씩하고 기운참.

**예문** 오늘 처음으로 [  ][  ] 하게 혼자 잤다.

**勇 맹**
사나울 猛

**뜻** **용감하고** 사나움.

**예문** 을지문덕의 [  ][  ] 한 모습에 군사들이 힘을 얻었다.

**勇 기**
기운 氣

**뜻** **씩씩하고** 굳센 기운.

**예문** 지난날의 잘못을 [  ][  ] 있게 고백했습니다.

**勇 사**
선비 士

**뜻** **용감한** 군사.

**예문** 고구려에는 날랜 [  ][  ] 가 많았다.

**1** 다음 글 안에 있는 한자의 뜻과 소리를 쓰세요.

> 소방관 아저씨는 아이를 구하려고 불길 속으로 **勇**감하게 뛰어들었어요.

( 뜻 ) _____

( 소리 ) _____

**2** 빈칸에 들어갈 한자 어휘를 찾아 선을 이으세요.

(1) 한국 전쟁에 참전했던 ⬜들이 한국에 왔어요.  •    • ㉠  용사

(2) 실패를 두려워하지 말고 ⬜를 갖고 도전하자.  •    • ㉡  용기

**3** 밑줄 친 부분의 뜻을 가진 한자 어휘에 ○ 하세요.

> 우리는 나라를 위해 기꺼이 목숨을 바치는 <u>용감하고 사나운</u> 군인입니다.

용무          용량          용맹

어휘 추론!

도움말 다른 하나는 '얼굴 용(容)'을 써요.

**4** 다음 문장을 읽고 '勇'이 쓰인 한자 어휘가 들어 있는 문장에 ✔ 하세요.

⬜ ① 이 사건의 <u>용의자</u>를 발견하면 즉시 경찰서에 신고해 주세요.

⬜ ② 군대에서 휴가 나온 삼촌은 훈련 때 있었던 <u>무용담</u>을 자랑스럽게 늘어놓았어.

월 일

✦ 한자의 뜻과 소리를 읽어 보세요.

# 速

뜻 소리
**빠를 속**

* '빠르다'의 뜻이 있어요.

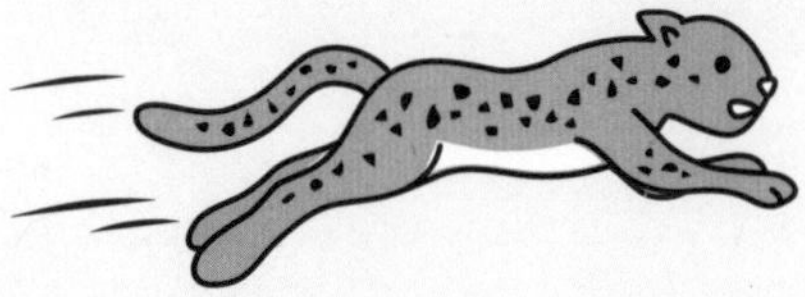

빠르게 가는(辶) 모습을 나타낸 글자예요.

✦ 한자 어휘를 소리 내 읽어 보고 빈칸에 한자 어휘를 쓰세요.

**速 력** (힘 力)

뜻 **빠르기**의 크기, 또는 **빠르기**를 이루는 힘.

예문 자동차가 고속 도로에 이르자 ☐☐을 내기 시작했다.

**速 보** (갚을 報)

뜻 **빨리** 알림, 또는 그런 보도.

예문 ○○동에 있는 시장에서 불이 났다는 ☐☐가 들어왔다.

**과 速** (지날 過)

뜻 자동차 등이 지나치게 **빠르게** 달림, 또는 그 **빠르기**.

예문 학교 앞에는 ☐☐ 방지턱이 많이 있습니다.

**감 速** (덜 減)

뜻 **빠르기**를 줄임, 또는 그 **빠르기**. 반 가속

예문 눈이 와서 미끄러우니 ☐☐ 운전을 하시기 바랍니다.

**1** 다음 글 안에 있는 한자의 뜻과 소리를 쓰세요.

> 뉴스에서 대규모 지진 소식을 **速**보로 전했다.

뜻 _____

소리 _____

**2** 빈칸에 공통으로 들어갈 한자 어휘에 ○ 하세요.

(1)
- 우리가 탄 요트는 부두에 정박하기 위해 ☐을 늦췄다.
- 시속 삼백 킬로미터까지 ☐을 낼 수 있는 자동차가 있다.

속력
---
풍력

(2)
- 빗길에서 ☐을 하면 위험해요.
- 자전거를 탈 때 다른 자전거를 추월해 ☐을 하면 안 돼요.

저속
---
과속

**3** 다음 뜻을 가진 한자 어휘를 초성을 참고하여 빈칸에 쓰세요.

(1) 빨리 알림, 또는 그런 보도.  ㅅ ㅂ

(2) 빠르기를 줄임, 또는 그 빠르기.  ㄱ ㅅ

**도움말** 다른 하나는 '풍속 속(俗)'을 써요.

**4** 다음 문장을 읽고 '速'이 쓰인 한자 어휘가 들어 있는 문장에 ✓ 하세요.

☐ ① 속담에는 그 나라 사람들의 지혜가 담겨 있어요.

☐ ② 네가 이길 거라고 속단하지 말고 최선을 다해 훈련에 임하도록 해.

✦ 한자의 뜻과 소리를 읽어 보세요.

뜻 **다행**   소리 **행**

\* '좋은 운, 행복하다'의 뜻이 있어요.

기쁨을 느껴 흐뭇한 아이처럼 어떤 것에 행복을 느끼는 모습을 나타낸 글자예요.

✦ 한자 어휘를 소리 내 읽어 보고 빈칸에 한자 어휘를 쓰세요.

복 福

뜻 복된 **좋은 운**. 생활에서 충분한 만족과 기쁨을 느껴 흐뭇함.

예문 엄마는 우리 가족의 ☐☐ 을 바라는 기도를 늘 하신다.

옮길 運

뜻 **좋은 운**, 또는 행복한 운.   반 불운

예문 너를 만난 건 나에게 커다란 ☐☐ 이야.

다
많을 多

뜻 뜻밖에 일이 잘되어 **운이 좋음**.

예문 큰 화재지만 ☐☐ 인 것은 사상자가 없다는 것이다.

불
아닐 不

뜻 **행복하지** 아니함. **행복하지** 아니한 일.

예문 아침에 휴대 전화가 깨지는 ☐☐ 한 일이 일어났다.

**1** 다음 글 안에 있는 한자의 뜻과 소리를 쓰세요.

동생은 사탕을 입에 넣고 **幸**복한 미소를 지었다.

( 뜻 ) _____

( 소리 ) _____

**2** 빈칸에 들어갈 한자 어휘를 글자 카드에서 찾아 만들어 쓰세요.

(1) 연습을 많이 못해서 공연을 망칠까 봐 걱정했는데 잘 끝나서 (　　　　　)(이)야.

다　소　행

(2) 그는 어렸을 때 아버지의 사업이 망하면서 (　　　　　)을 겪었지만 잘 극복했다.

행　불　명

**3** 다음 힌트를 읽고 알맞은 답을 쓰세요.

나는 무엇일까요?

힌트 1. 나는 좋은 운, 행복한 운을 뜻해.
힌트 2. 숫자 7을 가리켜서 '이것의 숫자'라고 하지.

(　　　　　)

**4** 다음 한자 어휘 중 '幸'이 쓰인 것에 ✓ 하세요.

☐ ① 행방불명 ➤ 간 곳이나 방향을 모름.

☐ ② 천만다행 ➤ 뜻밖에 운이 좋아 일이 매우 잘됨.

☐ ③ 일방통행 ➤ 차량 등이 한 방향으로만 가도록 정함.

✦ 한자의 뜻과 소리를 읽어 보세요.

뜻   소리
## 급할 급

\* '급하다, 빠르다'의 뜻이 있어요.

초초하고 급한 마음(心)을 나타낸 글자예요.

✦ 한자 어휘를 소리 내 읽어 보고 빈칸에 한자 어휘를 쓰세요.

**긴 急**
긴할 緊

뜻   매우 중요하고 **급함**.

예문   경찰차가 사이렌을 울리며 ☐☐ 출동을 했습니다.

**응 急**
응할 應

뜻   **급한** 대로 우선 처리함, 또는 **급한** 상황에 대처함.

예문   구급차가 ☐☐ 환자를 싣고 병원으로 출발했어요.

 **속**
빠를 速

뜻   매우 **빠름**.

예문   휴대 전화를 급히 충전해야 하는데 ☐☐ 충전기 있어?

 **증**
더할 增

뜻   짧은 기간 안에 갑자기 **빠르게** 늘어남.   🔄 급감

예문   수도권의 일자리가 늘면서 인구가 ☐☐ 하였다.

**1** 다음 글 안에 있는 한자의 뜻과 소리를 쓰세요.

응**急**차가 환자를 신고 가요.

뜻 _____

소리 _____

**2** 빈칸에 들어갈 한자 어휘를 초성을 참고하여 쓰세요.

(1) 소방관들은 [      ]한 전화를 받고 급히 출동했습니다.

ㄱ ㄱ

(2) 민석이는 부러진 팔에 붕대를 감아 [      ] 처치를 하였다.

ㅇ ㄱ

**3** 밑줄 친 부분의 뜻을 가진 한자 어휘에 ○ 하세요.

(1) 주방장은 딸기의 맛을 보존하기 위해 딸기를 매우 빠르게 얼렸다. 이렇게 하면 딸기 향도 보존된다고 한다.

급속
---
급구

(2) 지난해 수출량이 갑자기 빠르게 늘어나면서 중소기업이 크게 성장하였다. 특히 아시아, 유럽 등으로 수출을 많이 하였다.

급락
---
급증

어휘추론!

도움말 다른 하나는 '줄 급(給)'을 써요.

**4** 다음 문장을 읽고 '急'이 쓰인 한자 어휘가 들어 있는 문장에 ✔ 하세요.

[  ] ① 해외로 여행을 갈 경우에는 미리 여권을 발급받아야 합니다.

[  ] ② 우리나라는 출산율이 급감하면서 인구 부족 문제가 심각해졌다.

**1** 다음 글 안에 있는 한자의 뜻과 소리를 쓰세요.

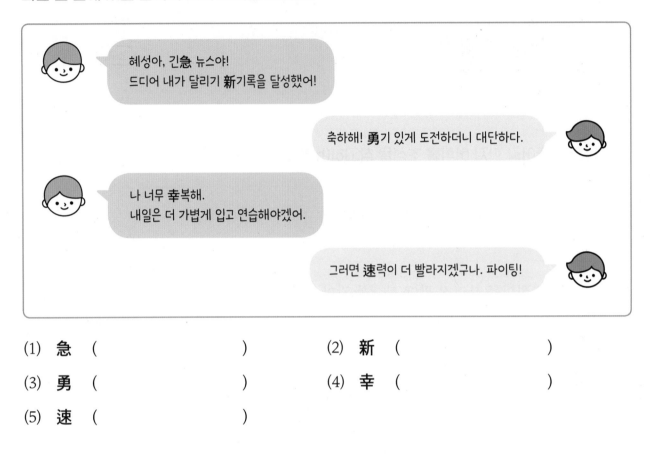

혜성아, 긴急 뉴스야!
드디어 내가 달리기 新기록을 달성했어!

축하해! 勇기 있게 도전하더니 대단하다.

나 너무 幸복해.
내일은 더 가볍게 입고 연습해야겠어.

그러면 速력이 더 빨라지겠구나. 파이팅!

(1) 急 (                    )          (2) 新 (                    )

(3) 勇 (                    )          (4) 幸 (                    )

(5) 速 (                    )


**2** 다음 뜻과 예문에 맞는 한자 어휘를 글자판에서 찾아 묶으세요.

① 뜻 새로 시작되는 해.
예문 ○○이 되어 나이가 한 살 늘었다.

② 뜻 용기가 있으며 씩씩하고 기운참.
예문 군인들은 전쟁터에서 ○○하게 싸웠다.

③ 뜻 빠르기의 크기, 또는 빠르기를 이루는 힘.
예문 이 자동차는 시속 200킬로미터까지 ○○을
낼 수 있다.

④ 뜻 좋은 운, 또는 행복한 운.
예문 저는 ○○의 숫자인 7을 좋아해요.

| 신 | 문 | 용 | 감 |
|---|---|---|---|
| 년 | 인 | 사 | 기 |
| 속 | 력 | 다 | 행 |
| 보 | 독 | 복 | 운 |

3 빈칸에 들어갈 한자 어휘를 <보기>에서 찾아 쓰세요.

> **보기**
>
> 급증       대화       신인       과속

(1) 최근에 범죄율이 아주 크게 (       )하고 있습니다.

(2) 경찰이 규정 속도를 위반하는 (       ) 차량을 단속하였다.

(3) 얼마 전 엄마와 본 영화에는 처음 보는 (       ) 배우들이 많이 나왔다.

4 뜻풀이에 맞는 한자 어휘를 찾아 선을 이으세요.

(1) | **용감한** 군사. | •       • ㉠ 응급

(2) | **급한** 대로 우선 처리함. | •       • ㉡ 불행

(3) | **행복하지** 아니함. **행복하지** 아니한 일. | •       • ㉢ 용사

5 다음 대화를 읽고 밑줄 친 한자 어휘 중 '速'이 쓰인 것을 모두 찾아 쓰세요.

> **아빠:** 민호야, 방 정리하기로 <u>약속</u>한 날이 오늘인데 언제 시작할 거니? 오늘도 또 안 하고 내일로 미루겠구나.
>
> **민호:** 아니에요. 그렇게 <u>속단</u>하지 마세요. 아빠가 도와주시면 <u>속전속결</u>로 끝낼 수 있을 것 같은데, 도와주실래요?

(       ,       )

# 09 사물·3

**지난주의 한자** 배운 한자를 떠올리며 빈칸에 뜻과 소리를 쓰세요.

新 勇 速 幸 急

_____ _____ _____ _____ _____

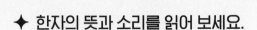

✦ 한자의 뜻과 소리를 읽어 보세요.

뜻  소리
옷  의

＊'옷'의 뜻이 있어요.

옷을 입은 모습을 나타낸 글자예요.

✦ 한자 어휘를 소리 내 읽어 보고 빈칸에 한자 어휘를 쓰세요.

衣 류
무리 類

뜻   모든 종류의 **옷**을 통틀어 이르는 말.

예문 ☐☐ 매장에 가서 운동할 때 입을 옷을 사자.

수 衣
가둘 囚

뜻   죄수가 입는 **옷**.

예문 드라마 주인공이 ☐☐를 입고 재판장에 등장했다.

衣 식 주
밥/먹을 食  살 住

뜻   **옷**, 음식, 집을 통틀어 이르는 말.

예문 ☐☐☐는 인간 생활의 기본 요소입니다.

탈 衣 실
벗을 脫  집 室

뜻   **옷**을 벗거나 갈아입는 방.

예문 수영복을 ☐☐☐에서 갈아입었어요.

**1** 다음 글 안에 있는 한자의 뜻과 소리를 쓰세요.

> 인간 생활에서 衣식주가 해결되지 않으면 살아가기 힘들다.

(뜻) _____

(소리) _____

**2** 다음 그림 중 의류가 <u>아닌</u> 것을 고르세요.　　　　　( 　　 )

①  　　　　　②  　　　　　③

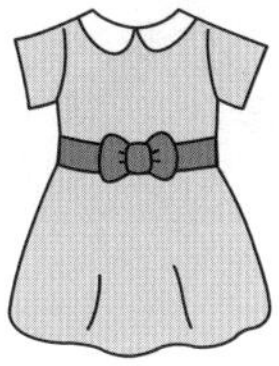

**3** 밑줄 친 부분의 뜻을 가진 한자 어휘를 초성을 참고해 쓰세요.

(1) 그는 감옥에서 <u>죄수가 입는 옷</u>을 입고 반성의 시간을 보내고 있다.

| ㅅ | ㅇ |
|---|---|

(2) 운동을 시작하기 전에 <u>옷을 갈아입는 방</u>에서 운동복으로 갈아입었어요.

| ㅌ | ㅇ | ㅅ |
|---|---|---|

어휘추론!

**4** 다음 한자 어휘 중 '衣'가 쓰인 것에 ✔ 하세요.

☐ ① 호의호식 ➡ 좋은 옷을 입고 좋은 음식을 먹음.

☐ ② 반신반의 ➡ 어느 정도 믿기는 하지만 확실히 믿지 못하고 의심함.

☐ ③ 불가사의 ➡ 사람의 생각으로는 미루어 헤아릴 수 없이 이상하고 묘함.

월    일

✦ 한자의 뜻과 소리를 읽어 보세요.

뜻 소리
옷  복

* '옷'의 뜻이 있어요.
* '따르다, 복종하다'의 뜻도 있어요.

몸을 보호해 주는 옷을 나타낸 글자예요.

✦ 한자 어휘를 소리 내 읽어 보고 빈칸에 한자 어휘를 쓰세요.

교 服
학교 校

> 뜻 학교에서 학생들이 입도록 정한 **옷**.

예문 [　][　]을 입고 학교에 갔다.

服 장
꾸밀 裝

> 뜻 **옷**을 입은 모양. 비 옷차림

예문 내일 체험 학습이니 편안한 [　][　]을 하고 오세요.

服 종
좇을 從

> 뜻 남의 명령이나 의사를 그대로 **따라서** 좇음.

예문 신하들은 왕의 말에 [　][　]하였다.

*이 어휘에서는 '따르다'의 뜻으로 써요.

극 服
이길 克

> 뜻 악조건이나 고생에 **복종하지** 않고 이겨 냄.

예문 이 위기를 [　][　]합시다!

*이 어휘에서는 '복종하다'의 뜻으로 써요.

**1** 다음 글 안에 있는 한자의 뜻과 소리를 쓰세요.

> 사촌 형은 고등학교 입학을 앞두고 교**服**을 새로 맞추었
> 어요.

뜻 _____

소리 _____

**2** 빈칸에 들어갈 한자 어휘를 <보기>에서 찾아 쓰세요.

보기

| 복장 | 복종 | 극복 | 복직 |

(1) 충직한 개들은 주인에게 (               )하여 주인의 명령에 따른다.

(2) 우리나라도 분단 상황을 (               )하고 통일에 힘쓰도록 합시다.

**3** 밑줄 친 부분의 뜻을 가진 한자 어휘를 찾아 선을 이으세요.

(1) 나도 얼른 중학생이 되어서 <u>학교에서 학생들이 입도록 정한 옷</u>을 입고 싶어요.   •

• ㉠ 복장

(2) 때에 따라서 <u>옷을 입은 모양</u>을 달리하는 것은 중요해요. 결혼식장, 장례식장에 갈 때는 옷차림에 신경 써야 해요.   •

• ㉡ 교복

어휘 추론!

도움말 다른 하나는 '겹칠 복(複)'을 써요.

**4** 다음 문장을 읽고 '服'이 쓰인 한자 어휘가 들어 있는 문장에 ✓ 하세요.

☐ ① 겨울에 <u>내복</u>을 입으면 체온을 1도 높일 수 있어 따뜻해요.

☐ ② 여자 화장실은 오른쪽 <u>복도</u> 끝에 있으니까 어서 다녀오세요.

월      일

✦ 한자의 뜻과 소리를 읽어 보세요.

**뜻** **소리**
## 종이 지

\* '종이'의 뜻이 있어요.

다양한 종류의 종이를 나타낸 글자예요.

---

✦ 한자 어휘를 소리 내 읽어 보고 빈칸에 한자 어휘를 쓰세요.

| | |
|---|---|
| 표 **紙**<br>겉 表 | **뜻** 책의 맨 앞뒤의 겉에 있는 **종이**.<br>**예문** ☐☐ 그림이 마음에 들어 이 책을 골랐어요. |
| 용 **紙**<br>쓸 用 | **뜻** 어떤 일에 쓰는 **종이**.<br>**예문** 먼저 투표 ☐☐ 를 받아 투표소로 들어가 주세요. |
| 색 **紙**<br>색 色 | **뜻** 여러 가지 색깔로 물들인 **종이**.   🔵 색종이<br>**예문** 다양한 ☐☐ 로 장미꽃을 접었다. |
| 한 **紙**<br>한국 韓 | **뜻** 우리나라 고유의 제조법으로 만든 **종이**.<br>**예문** 미술 시간에 ☐☐ 로 인형을 만들었다. |

**1** 다음 글 안에 있는 한자의 뜻과 소리를 쓰세요.

이 프린터에 맞는 인쇄용 紙만 사용해 주십시오.

뜻 _____

소리 _____

**2** 빈칸에 들어갈 한자 어휘를 초성을 참고하여 쓰세요

미술 시간에 [_____]로 보석 상자를 꾸몄어요. [_____]는 우리나라 고유의 제조법으로 만든 종이예요.

| ㅎ | ㅈ |

**3** 밑줄 친 부분의 뜻을 가진 한자 어휘를 찾아 선을 이으세요.

(1) 여러 가지 색깔로 물들인 종이를 가위로 잘라 붙여서 알록달록한 무늬를 만들었어.

• ㉠ 표지

(2) 아빠가 보시는 책 제목은 『주식 투자 무작정 따라하기』다. 책의 맨 앞뒤의 겉에 있는 종이가 두꺼운 책이다.

• ㉡ 색지

어휘추론!

도움말 다른 하나는 '땅 지(地)'를 써요.

**4** 다음 문장을 읽고 '紙'가 쓰인 한자 어휘가 들어 있는 문장에 ✔ 하세요.

[ ] ① 달은 약 한 달을 주기로 지구 주위를 한 바퀴 돈다.

[ ] ② 폐지는 잘 모은 후 분리수거를 잘해서 버려야 합니다.

월    일

✦ 한자의 뜻과 소리를 읽어 보세요.

旗

뜻  소리

기  기

*'기, 깃발'의 뜻이 있어요.

하늘 높이 펄럭이는 기의 모습을 나타낸 글자예요.

✦ 한자 어휘를 소리 내 읽어 보고 빈칸에 한자 어휘를 쓰세요.

**국 旗**
나라 國

뜻  한 나라를 상징하는 **깃발**.

예문  우리 가족은 국경일마다 [ ][ ]를 게양한다.

**백 旗**
흰 白

뜻  흰 빛깔의 **기**. 항복의 표시로 쓰는 흰 **기**.

예문  백군은 [ ][ ]를 흔들며 응원했어요.

**조 旗**
조상할 弔

뜻  죽은 사람에 대한 슬픔을 나타내기 위해 다는 **국기**.

예문  현충일에는 [ ][ ]를 답니다.

**반 旗**
돌이킬 反

뜻  반란을 일으킨 무리가 그 표시로 드는 **기**. 반대의 뜻을 나타내는 행동이나 표시.

예문  성문 입구에는 반란군의 [ ][ ]가 나부끼고 있었다.

**1** 다음 글 안에 있는 한자의 뜻과 소리를 쓰세요.

조旗는 깃봉에서 기의 한 폭만큼 내려서 달아요.

뜻 _____

소리 _____

**2** 빈칸에 공통으로 들어갈 한자 어휘에 ○ 하세요.

(1)
• 적군은 결국 ☐ 를 들고 항복했다.
• 동석이와 팔씨름을 하던 성훈이는 결국 ☐ 를 들었다.

적기
---
백기

(2)
• 광복절을 맞이해 ☐ 를 게양하는 사람들이 많았다.
• 올림픽 개회식에서 선수들은 ☐ 를 들고 입장했다.

국기
---
반기

**3** 밑줄 친 부분의 뜻을 가진 한자 어휘를 초성을 참고해 쓰세요.

그 토론자는 상대편에게 손을 들어 <u>반대의 뜻을 나타내는 표시</u>를 했다.

ㅂ | ㄱ

어휘추론!

도움말 다른 하나는 '재주 기(技)'를 써요.

**4** 다음 문장을 읽고 '旗'가 쓰인 한자 어휘가 들어 있는 문장에 ✔ 하세요.

☐ ① 태극기는 우리나라를 상징하는 국기다.

☐ ② 그 선수는 권투 경기 중 부상을 입어 은퇴를 하였다.

월    일

✦ 한자의 뜻과 소리를 읽어 보세요.

뜻 · 소리
창 · 창

＊'창, 창문, 창가'의 뜻이 있어요.

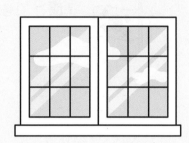

창살이 있는 창문의 모양을 본떠 만든 글자예요.

✦ 한자 어휘를 소리 내 읽어 보고 빈칸에 한자 어휘를 쓰세요.

**窓 문**
문 門

뜻 **창**. 공기나 햇빛이 들어올 수 있게 벽이나 지붕에 낸 문.

예문 ☐☐ 을 자주 열어서 환기시키는 게 좋아.

**窓 구**
입 口

뜻 손님과 문서, 돈 등을 주고받을 수 있게 조그마하게 **창**을 낸 곳.

예문 각종 세금을 내려면 수납 ☐☐ 로 오세요.

**차 窓**
수레 車

뜻 기차나 자동차 등에 달려 있는 **창문**.

예문 차를 타고 달리다 보니 ☐☐ 밖으로 비바람이 불었다.

**학 窓**
배울 學

뜻 배움의 **창가**라는 뜻으로, 공부하는 교실이나 학교를 이르는 말.

예문 ☐☐ 시절에 아름다운 추억이 많습니다.

**1** 다음 글 안에 있는 한자의 뜻과 소리를 쓰세요.

> 도서관에서 대출한 책을 반납하기 위해 반납 **窓**구로 갔다.

뜻 ＿＿＿＿＿＿＿

소리 ＿＿＿＿＿＿＿

**2** 빈칸에 들어갈 한자 어휘에 ○ 하세요.

(1) 엄마와 나는 여권을 신청하러 구청에 왔다. 우리는 여권 발급 ☐ 앞에서 차례를 기다렸다.

| 창구 |
| --- |
| 창립 |

(2) 아빠는 학교 다닐 때 이야기를 자주 하시면서 ☐ 시절을 그리워하십니다. 그 시절 친구들도 보고 싶다고 하세요.

| 합창 |
| --- |
| 학창 |

**3** 다음 뜻을 가진 한자 어휘를 초성을 참고하여 빈칸에 쓰세요.

(1) 기차나 자동차 등에 달려 있는 창문.  ㅊ ㅊ

(2) 공기나 햇빛이 들어올 수 있게 벽이나 지붕에 낸 문.  ㅊ ㅁ

**4** 다음 한자 어휘 중 '窓'이 쓰인 것에 ✔ 하세요.

☐ ① 창호지 ➡ 창문에 바르는 종이.

☐ ② 합창단 ➡ 여러 사람이 노래를 부르기 위해 모인 단체.

☐ ③ 초창기 ➡ 어떤 사업을 일으켜 처음으로 시작하는 시기.

**1** 다음 글 안에 있는 한자의 뜻과 소리를 쓰세요.

> 오늘은 축구 대표팀 경기가 있는 날. 우리 가족은 모두 빨간색 티셔츠로 **服**장을 통일하
> 고 대한민국 국**旗**를 들고 거실에 모였다. 연서는 알록달록 색**紙**로 만든 응원 피켓을 **窓**
> 문에 잘 보이게 붙여 놓았다. 경기가 시작되기 전 뉴스에서는 광장 곳곳에 모여서 응원
> 하는 사람들을 보여 주었다. 윗옷을 탈**衣**한 사람들도 있고 얼굴에 페인트칠을 한 사람들
> 도 있었다. 전국 곳곳이 흥분의 도가니였다.

(1) 服 (                    )          (2) 旗 (                         )

(3) 紙 (                    )          (4) 窓 (                         )

(5) 衣 (                    )

**2** 가로 열쇠, 세로 열쇠를 풀어 낱말 퍼즐을 완성하세요.

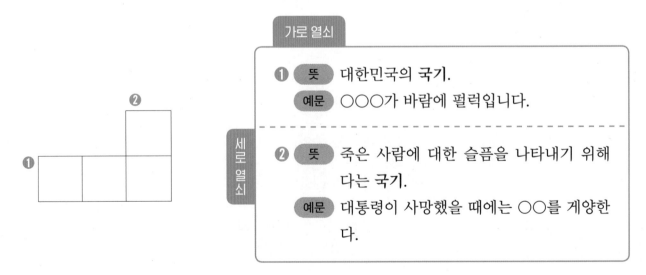

가로 열쇠

❶ 뜻  대한민국의 국기.
   예문  ○○○가 바람에 펄럭입니다.

세로 열쇠

❷ 뜻  죽은 사람에 대한 슬픔을 나타내기 위해
   다는 국기.
   예문  대통령이 사망했을 때에는 ○○를 게양한
   다.

**3** 빈칸에 들어갈 한자 어휘를 찾아 선을 이으세요.

(1) [    ] 밖의 눈 내리는 풍경이 아름다웠다. •          • ㉠ 용지

(2) 신분증 확인 후 투표 [    ]을/를 받으세요. •          • ㉡ 차창

(3) 적군은 [    ]을/를 들고 우리에게 항복했다. •          • ㉢ 백기

**4** 빈칸에 들어갈 한자 어휘를 <보기>에서 찾아 쓰세요.

> 보기
>
> 창구          반기          표지          수의

(1) 나는 책을 빌리기 위해 대출 (          )로 갔다.

(2) 책의 (          )가 낡아서 어떤 책인지 알 수가 없다.

(3) 독재자는 자신의 의견에 (          )를 드는 세력을 모두 없앴다.

**5** 다음 글을 읽고 밑줄 친 어휘 중 '服'이 쓰인 것을 모두 찾아 쓰세요.

주말에 가족들과 함께 간 직업 체험관 복도에는 다양한 옷이 전시되어 있었다. 소방관이 입는 방화복은 뜨거운 열기를 막아 주고 몸을 보호해 준다. 군인은 적에게 노출되지 않기 위해 청색 빛의 군복을 입는다.

(       ,       )

# 10 마을과 사회·4

**지난주의 한자** 배운 한자를 떠올리며 빈칸에 뜻과 소리를 쓰세요.

衣　　服　　紙　　旗　　窗

————　　————　　————　　————　　————

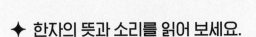
✦ 한자의 뜻과 소리를 읽어 보세요.

式

뜻 소리
법 식

* '의식, 형식'의 뜻이 있어요.

절도 있게 궁궐을 지키는 사람들처럼 일정한 규칙을 따르는 의식, 형식을 나타낸 글자예요.

✦ 한자 어휘를 소리 내 읽어 보고 빈칸에 한자 어휘를 쓰세요.

式 순
순할 順

뜻 **의식**을 진행하는 순서.

예문 오늘 행사는 [  ][  ]에 따라 진행합니다.

式 장
마당 場

뜻 **의식**을 진행하는 장소.

예문 축하객들이 [  ][  ]을 가득 채웠다.

약 式
간략할 略

뜻 정식으로 절차를 갖추지 않고 간추린 **의식**이나 양식.

예문 비가 오는 바람에 기념식은 [  ][  ]으로 치렀어요.

양 式
모양 樣

뜻 일정한 모양이나 **형식**.

예문 주어진 [  ][  ]에 따라 쓴 보고서를 제출하세요.

**1** 다음 한자 어휘 안에 있는 한자의 뜻과 소리를 쓰세요.

> 결혼式     장례式     개막式

뜻 _____

소리 _____

**2** 빈칸에 들어갈 한자 어휘를 글자 카드에서 찾아 만들어 쓰세요.

(1) 모든 지원자들은 지원 ( )에 맞춰 신청서를 작성했다.

식   양   숙

(2) 요즘은 결혼식을 가족과 친지들만 초대해 ( )으로 치르기도 한다.

복   식   약

**3** 밑줄 친 부분의 뜻을 가진 한자 어휘를 찾아 선을 이으세요.

> 오늘은 삼촌의 결혼식 날. ①의식을 진행하는 장소는 야외 공원이었어요. ②의식을 진행하는 순서에 따라 사회자가 인사말을 먼저 전했어요.

① •          • ㉠ 식순

② •          • ㉡ 식장

어휘추론!

도움말 다른 하나는 '밥/먹을 식(食)'을 써요.

**4** 다음 문장을 읽고 '式'이 쓰인 한자 어휘가 들어 있는 문장에 ✓ 하세요.

☐ ① 나라마다 사용하는 언어와 생활 방식이 모두 다릅니다.

☐ ② 할아버지와 할머니는 식탁에 음식을 가득 차리고 우리를 기다리고 계셨다.

✦ 한자의 뜻과 소리를 읽어 보세요.

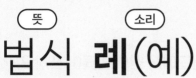

뜻 **법식** 소리 **례(예)**

* '법식, 예'의 뜻이 있어요.
* '례'는 맨 앞에 오면 '예'로 읽고 써요.

예를 들면…

선생님께서 다양한 예를 들어 설명해 주시는 것처럼 어떤 예를 나타낸 글자예요.

✦ 한자 어휘를 소리 내 읽어 보고 빈칸에 한자 어휘를 쓰세요.

**例 외**
바깥 外

뜻  일반적인 **법식**이나 **예**에서 벗어나는 일.

예문  [  ][  ] 없이 규칙을 따라야 공정한 경기를 할 수 있어.

**例 문**
글월 文

뜻  단어나 내용을 설명하기 위해 **예**를 들어 보여 주는 문장.

예문  영어 단어를 외울 때 [  ][  ] 을 함께 외우면 좋아.

**사 例**
일 事

뜻  이전에 실제로 일어난 **예**.

예문  선생님이 [  ][  ] 를 생생하게 설명해 주셨다.

**例 제**
제목 題

뜻  내용의 이해를 돕기 위해 **예**로 내는 문제.

예문  선생님은 삼각형의 정의를 설명하신 후 [  ][  ] 를 내셨다.

**1** 다음 글 안에 있는 한자의 뜻과 소리를 쓰세요.

> 우리는 두 자릿수의 덧셈 방법을 배운 후 **例**제를 풀었어요.

(뜻) _____

(소리) _____

**2** 빈칸에 들어갈 한자 어휘를 <보기>에서 찾아 쓰세요.

> **보기**
>
> 예외          예측          예정          예문

(1) 전염병에 걸려 못 나온 학생들에게는 (　　　　　)(으)로 시험을 면제해 주었다.

(2) 한자 어휘를 배울 때 그 어휘가 사용된 (　　　　　)을/를 읽어 보면 이해하기 쉬워요.

**3** 밑줄 친 부분의 뜻을 가진 한자 어휘에 ○ 하세요.

> 민규는 오늘 사회 시간에 환경에 따라 다른 생활 모습을 발표하였다. <u>이전에 실제로 일어난 예를 들어</u> 설명하니 친구들이 쉽게 이해했다.

예외          예사          사례

어휘 추론!

**4** 다음 한자 어휘 중 '例'가 쓰인 것에 ✔ 하세요.

☐ ① 예시 ➡ 예를 들어 보임.

☐ ② 예우 ➡ 예의를 지켜 정중하게 대우함.

☐ ③ 노예 ➡ 남의 소유물로 되어 부림을 당하는 사람.

✦ 한자의 뜻과 소리를 읽어 보세요.

뜻  소리
법도 도

＊'법도, 정도'의 뜻이 있어요.

손으로 어느 정도인지 헤아리는 것을 나타낸 글자예요. 나중에 법도라는 뜻으로 확대되었어요.

✦ 한자 어휘를 소리 내 읽어 보고 빈칸에 한자 어휘를 쓰세요.

**정 度**
한도 程

뜻  **정도**. 그만큼의 분량이나 수준.

예문  나는 몸무게가 30킬로그램 ☐☐ 돼요.

**고 度**
높을 高

뜻  평균 해수면을 기준으로 측정한 물체의 높이 **정도**.

예문  여기는 ☐☐ 가 높은 지대입니다.

**각 度**
뿔 角

뜻  한 점에서 갈리어 나간 두 직선의 벌어진 **정도**.  비 각

예문  ☐☐ 가 커질수록 두 직선 사이의 공간이 넓어진다.

**습 度**
젖을 濕

뜻  공기 가운데 수증기가 들어 있는 **정도**.

예문  여름철에는 ☐☐ 가 높습니다.

**1** 다음 글 안에 있는 한자의 뜻과 소리를 쓰세요.

각**度**기로 각을 재 봅시다.

뜻 _____

소리 _____

**2** 빈칸에 들어갈 한자 어휘를 <보기>에서 찾아 쓰세요.

보기

정도        고도        각도        밀도

(1) 삼각형의 세 꼭짓점의 (              )를 합하면 180도이다.

(2) 목적지에 도착하려면 여기에서 한 시간 (              ) 더 가야 합니다.

**3** 밑줄 친 부분의 뜻을 가진 한자 어휘를 찾아 선을 이으세요.

(1) 현재 평균 해수면을 기준으로 측정한 <u>높이 정도</u>는 5천 미터가 넘습니다.    •    • ㉠  습도

(2) 장마가 시작되면 <u>공기 가운데 수증기가 들어 있는 정도</u>가 높아져서 몸이 끈적끈적해진다.    •    • ㉡  고도

어휘추론!

도움말 다른 하나는 '이를 도(到)'를 써요.

**4** 다음 문장을 읽고 '**度**'가 쓰인 한자 어휘가 들어 있는 문장에 ✔ 하세요.

☐ ① 차가 막혀서 자동차들이 느린 <u>속도</u>로 가고 있다.

☐ ② 버스가 빨리 와서 약속 시간보다 일찍 <u>도착</u>했습니다.

월    일

✦ 한자의 뜻과 소리를 읽어 보세요.

理

**뜻** **소리**
## 다스릴 **리(이)**

* '다스리다, 깨닫다, 이치'의 뜻이 있어요
* '리'는 맨 앞에 오면 '이'로 읽고 써요.

옥(王)을 조심스럽게 다루듯이 나라를 다스리는 것을 나타낸 글자예요.

✦ 한자 어휘를 소리 내 읽어 보고 빈칸에 한자 어휘를 쓰세요.

理 上
생각할 想

뜻 생각할 수 있는 범위 안에서 가장 완전하다고 **깨달은** 상태.

예문 조선 시대는 유교를 [  ][  ]으로 여겼습니다.

理 성
성품 性

뜻 **이치**에 맞게 생각하고 판단하는 능력. 🖍 감성

예문 감정에 치우치지 말고 [  ][  ]을 되찾아 다시 생각해 봐.

합 理
합할 合

뜻 이론이나 **이치**에 합당함. 🖍 불합리

예문 기사는 [  ][  ]에 맞게 써야 한다.

비 理
아닐 非

뜻 올바른 **이치**나 도리가 아님.

예문 세금을 내지 않기 위해 [  ][  ]를 저지르는 기업이 있다.

**1** 다음 글 안에 있는 한자의 뜻과 소리를 쓰세요.

> 드라마 「비밀의 정원」은 비**理**를 파헤치는 검사가 주인공
> 이다.

( 뜻 ) ＿＿＿＿＿＿

( 소리 ) ＿＿＿＿＿＿

**2** 빈칸에 공통으로 들어갈 한자 어휘에 ○ 하세요.

(1)
- 플라톤이라는 철학자는 늘 ▢ 을 품어야 한다고 했다.
- 건이는 사람들을 치료하는 의사가 되겠다는 ▢ 을 품고 있다.

이론
------
이상

(2)
- 회사는 생산비를 절약할 ▢ 적인 방법을 찾았다.
- 물건을 살 때는 나에게 필요한지 ▢ 적으로 생각해야 한다.

합리
------
비리

**3** 밑줄 친 부분의 뜻을 가진 한자 어휘를 초성을 참고해 쓰세요.

> 자신의 생각을 주장하고 싶을 때는 먼저 <u>이치에 맞게 생각하고 판단하</u>
> <u>는 능력</u>을 토대로 그 생각이 합리적인지 살펴보아야 한다.

| ㅇ | ㅅ |
|---|---|

어휘 추론!

도움말 다른 하나는 '떠날 리(이(離))'를 써요.

**4** 다음 문장을 읽고 '理'가 쓰인 한자 어휘가 들어 있는 문장에 ✓ 하세요.

▢ ① 친구가 멀리 이사를 가게 되어 <u>이별</u> 인사를 나누었다.

▢ ② 우리나라 건국 <u>이념</u>은 널리 인간을 이롭게 한다는 '홍익인간'이야.

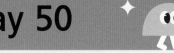
✦ 한자의 뜻과 소리를 읽어 보세요.

뜻 소리
## 화할 화

＊'화하다, 온화하다'의 뜻이 있어요.

벼(禾)를 여럿이 나누어 먹는(口) 화목한 모습을 나타낸 글자예요.

✦ 한자 어휘를 소리 내 읽어 보고 빈칸에 한자 어휘를 쓰세요.

**和 목**
화목할 睦

뜻 서로 뜻이 맞고 **화함**.

예문 우리 가족은 언제나 ☐☐ 합니다.

**和 해**
풀 解

뜻 싸움을 멈추고 **화하여** 나쁜 감정을 풀어 없앰.

예문 어제 친구와 싸웠는데 ☐☐ 해서 마음이 편해.

**조 和**
고를 調

뜻 **화하여** 서로 잘 어울림.    🔁 부조화

예문 이 그림은 다양한 색이 ☐☐ 를 이루고 있다.

**和 창**
화창할 暢

뜻 날씨나 바람이 **온화하고** 맑음.

예문 소풍 가는 날에 날씨가 ☐☐ 해서 다행이에요.

**1** 다음 글 안에 있는 한자의 뜻과 소리를 쓰세요.

> 피아노와 첼로가 만들어 내는 소리의 조**和**가 아름답다.

- 뜻 _____
- 소리 _____

**2** 다음 그림 중 화창한 날씨를 고르세요. ( )

① ② ③

**3** 밑줄 친 부분의 뜻을 가진 한자 어휘를 쓰세요.

> 우리 가족은 모두 4명입니다. 우리는 자주 싸우기도 하지만, ①싸움을 멈추고 화하여 나쁜 감정을 풀어 없애는 것을 잘합니다. 잘못한 사람이 먼저 미안하다고 진심으로 사과하면 그 사과를 잘 받아 줍니다. 이게 우리 가족이 ②서로 뜻이 맞고 화할 수 있는 비결입니다.

① ( ) ② ( )

어휘추론!

도움말 다른 하나는 '꽃 화(花)'를 써요.

**4** 다음 문장을 읽고 '和'가 쓰인 한자 어휘가 들어 있는 문장에 ✔ 하세요.

- [ ] ① 두 나라가 화약을 맺어 평화 분위기가 조성되었다.
- [ ] ② 벚꽃의 개화 시기는 지역에 따라 며칠씩 차이가 난다.

**1** 다음 글 안에 있는 한자의 뜻과 소리를 쓰세요.

> 엄마: 지우야, 언니랑 싸웠니? 싸운 **理**유가 뭐야?
>
> 지우: 제가 우리 방을 청소할 차**例**인데 계속 미뤘어요. 사과했는데 언니가 안 받아 줬어요.
>
> 엄마: 사과를 형**式**적으로 한 건 아닐까? 다시 한번 사과해 봐. 그 정**度** 잘못은 언니도 이
> 해해 줄 거야. 오늘은 꼭 **和**해하길 바란다.

(1) **理** (                    )        (2) **例** (                    )

(3) **式** (                    )        (4) **度** (                    )

(5) **和** (                    )

**2** <보기>의 글자 카드에서 알맞은 글자를 찾아 한자 어휘를 완성하세요.

보기

| 도 | 식 | 화 | 례 | 리 |

(1)  보고서를 쓰는  | 양 |    |  은/는 매우 다양해요.

  ↳ 일정한 모양이나 **형식**.

(2)  인간과 자연은  | 조 |    |  을/를 이루며 살아가야 한다.

  ↳ **화하여** 서로 잘 어울림.

(3)  요즘 장마철이라  | 습 |    |  이/가 높아 몸이 끈적끈적해요.

  ↳ 공기 가운데 수증기가 들어 있는 **정도**.

3  다음 뜻과 예문에 맞는 한자 어휘를 초성을 참고하여 쓰세요.

(1)
| ㅅ | ㅈ |
|---|---|

**뜻** 의식을 진행하는 장소.

**예문** 하객들이 ○○을 가득채웠다.

(2)
| ㅇ | ㅈ |
|---|---|

**뜻** 내용의 이해를 돕기 위해 **예**로 내는 문제.

**예문** 나눗셈에 대한 ○○ 5문제를 풀었다.

(3)
| ㅎ | ㅊ |
|---|---|

**뜻** 날씨나 바람이 **온화하고** 맑음.

**예문** ○○한 봄이 되자 꽃이 피기 시작했다.


4  빈칸에 들어갈 한자 어휘를 <보기>에서 찾아 쓰세요.

> **보기**
>
> 고도        비리        사례        예문

(1)  에베레스트산은 세계에서 가장 (              )이/가 높은 산이야.

(2)  영어 단어가 사용된 (              )을/를 함께 배우니 이해하기 쉬웠다.

(3)  우리 모둠은 우리의 주장을 뒷받침해 줄 만한 좋은 (              )을/를 찾았다.


5  다음 글을 읽고 밑줄 친 한자 어휘 중 '和'가 쓰인 것을 모두 찾아 쓰세요.

> 20○○년 어느 날, 평화롭기만 할 것 같은 하얀 얼음의 대륙 남극에서 화산이 대량 발견
> 되었습니다. 이때 발견된 화산이 91개였다고 합니다. 그만큼 이 화산은 전 세계 사람들
> 에게 놀라움을 안겨 주었습니다. 남극 자원을 두고 싸웠던 나라들은 화산을 함께 연구하
> 기 위해 화약을 맺기도 했습니다.

(              ,              )

오늘도 한 뼘 자랐습니다

# 어휘를 정복하는
# 한자의 힘

- ·정답 및 해설
- ·한자 음으로 찾아보기

길벗스쿨

# 정답 및 해설

## Day 01
11쪽

1 소리, 음    2 (1) 음악 (2) 발음    3 (1) - ⓒ, (2) - ⓐ    4 ①

도움말 4 '音'이 쓰인 한자 어휘는 '높이가 다른 두 음 사이의 간격.'이라는 뜻의 '음정'입니다. '음지'는 '햇빛이 잘 들지 않는 그늘진 곳.'이라는 뜻으로 '陰(그늘 음)'이 쓰였습니다.

## Day 02
13쪽

1 맑을, 청    2 (1) 청명 (2) 청렴    3 ① - ⓒ, ② - ⓐ    4 ①

도움말 4 '淸'이 쓰인 한자 어휘는 '깨끗하고 순수함.'이라는 뜻의 '청순'입니다. '청중'은 '강연이나 설교, 음악 등을 듣기 위하여 모인 사람들.'이라는 뜻으로 '聽(들을 청)'이 쓰였습니다.

## Day 03
15쪽

1 밝을, 명    2 ①    3 (1) 명도 (2) 명백    4 ②

도움말 4 '明'이 쓰인 한자 어휘는 '말이나 글 등의 내용이 명백하여 시원함.'이라는 뜻의 '명쾌'입니다. '명함'은 '남에게 알리기 위해 자신의 이름, 직업, 연락처 등을 적은 작은 종이.'라는 뜻으로 '名(이름 명)'이 쓰였습니다.

## Day 04
17쪽

1 볕, 양    2 (1) 양력 (2) 석양    3 양지    4 ①

도움말 4 '陽'이 쓰인 한자 어휘는 '태양계의 중심에 있으며 온도가 매우 높고 스스로 빛을 내는 항성.'이라는 뜻의 '태양'입니다. '양보'는 '길이나 자리, 물건 등을 사양하여 남에게 미루어 줌.'이라는 뜻으로 '讓(사양할 양)'이 쓰였습니다.

## Day 05
19쪽

1 큰 바다, 양    2 (1) 원양 (2) 대양    3 해양    4 서양식

도움말 4 '양식'은 '洋(큰 바다 양)'이 들어 있는 한자 어휘로 '서양식으로 만든 음식.'이라는 뜻입니다.

## 다지기
20~21쪽

1 (1) 소리 음 (2) 볕 양 (3) 맑을 청 (4) 밝을 명 (5) 큰 바다 양    2 ① 음성 ② 청소 ③ 명도 ④ 양지    3 (1) 투명 (2) 청결 (3) 음절    4 (1) 발음 (2) 청렴    5 동양, 서양

도움말 5 '동양'과 '서양'은 '洋(큰 바다 양)'이 쓰인 한자 어휘입니다. '태양'에는 '陽(볕 양)'이 쓰였습니다.

**Day 06**

25쪽

1 주인, 주　　　2 (1) - ㉠, (2) - ㉡　　　3 (1) 민주 (2) 주권　　　4 ①

> 도움말 4 '主'가 쓰인 한자 어휘는 '연극, 영화, 소설 등에서 사건의 중심이 되는 인물.'이라는 뜻의 '주인공'
> 입니다. '주기적'은 '일정한 간격을 두고 되풀이하여 진행하거나 나타나는 것.'이라는 뜻으로 '週
> (주일 주)'가 쓰였습니다.

**Day 07**

27쪽

1 대신할, 대　　　2 (1) 대신 (2) 대표　　　3 대안　　　4 ②

> 도움말 4 '代'가 쓰인 한자 어휘는 '남을 대신하여 일을 처리함, 또는 그런 사람.'이라는 뜻의 '대리'입니다.
> '대출'은 '돈이나 물건 등을 빌려주거나 빌림.'이라는 뜻으로 '貸(빌릴 대)'가 쓰였습니다.

**Day 08**

29쪽

1 부릴, 사　　　2 (1) 천사 (2) 사용　　　3 ① - ㉡, ② - ㉠　　　4 ①

> 도움말 4 '使'가 쓰인 한자 어휘는 '특별한 임무를 받아 외국으로 보내지는 사람.'이라는 뜻의 '특사'입니다.
> '조사'는 '사물의 내용을 명확히 알기 위하여 자세히 살펴보거나 찾아봄.'이라는 뜻으로 '調(고를
> 조)'가 쓰였습니다.

**Day 09**

31쪽

1 뜻, 의　　　2 (1) - ㉠, (2) - ㉡　　　3 의지　　　4 ①

> 도움말 4 '意'가 쓰인 한자 어휘는 '무엇을 하고자 하는 생각.'이라는 뜻의 '의사'입니다. '의리'는 '사람으로
> 서 마땅히 지켜야 할 도리.'라는 뜻으로 '義(옳을 의)'가 쓰였습니다.

**Day 10**

33쪽

1 이룰, 성　　　2 (1) 성과 (2) 성취　　　3 (1) 완성 (2) 성장　　　4 ②

> 도움말 4 '成'이 쓰인 한자 어휘는 '통일된 하나의 조직체를 구성하는 한 부분.'이라는 뜻의 '성분'입니다.
> '성격'은 '개인이 가지고 있는 고유의 성질이나 품성.'이라는 뜻으로 '性(성품 성)'이 쓰였습니다.

**다지기**

34~35쪽

1 (1) 대신할 대 (2) 부릴 사 (3) 주인 주 (4) 이룰 성 (5) 뜻 의　　　2 (1) 주권 (2) 의견 (3) 성과
3 (1) - ㉢, (2) - ㉡, (3) - ㉠　　　4 (1) 대안 (2) 완성 (3) 사신　　　5 의

> 도움말 5 세 한자 어휘의 뜻풀이 안에 '뜻, 생각'의 뜻이 있으므로 '뜻 의(意)'가 공통으로 들어갑니다.

**Day 11**

39쪽

1 익힐, 습   2 (1) 예습 (2) 연습   3 습관   4 ①

**도움말** 4 '習'이 쓰인 한자 어휘는 '남의 가르침을 받지 아니하고 스스로 배우고 익힘.'이라는 뜻의 '자학자습'입니다. '습기'는 '물기가 많아 젖은 듯한 기운.'이라는 뜻으로 '濕(젖을 습)'이 쓰였습니다.

**Day 12**

41쪽

1 가르칠, 훈   2 훈련   3 ① - ⓛ, ② - ㉠   4 가르치고

**도움말** 4 '훈계'는 '訓(가르칠 훈)'이 쓰인 한자 어휘로 '잘못을 경계하도록 가르치고 타이름.'이라는 뜻입니다.

**Day 13**

43쪽

1 즐길, 락(낙)   2 낙관   3 (1) 악기 (2) 악단   4 ②

**도움말** 4 '樂'이 쓰인 한자 어휘는 '음악의 곡조를 일정한 기호를 써서 기록한 것.'이라는 뜻의 '악보'입니다. '악당'은 '악한 사람의 무리.'라는 뜻으로 '惡(악할 악)'이 쓰였습니다.

**Day 14**

45쪽

1 제목, 제   2 (1) 과제 (2) 문제   3 주제   4 ②

**도움말** 4 '題'가 쓰인 한자 어휘는 '제목이 없음.'이라는 뜻의 '무제'입니다. '제거'에는 '除(덜 제)'가 쓰였습니다. '제품'에는 '製(지을 제)'가 쓰였습니다.

**Day 15**

47쪽

1 과목, 과   2 (1) - ㉠, (2) - ⓛ   3 과거   4 ②

**도움말** 4 '科'가 쓰인 한자 어휘는 '학문이나 학교의 과정.'이라는 뜻의 '학과'입니다. '과장'은 '사실보다 지나치게 불려서 나타냄.'이라는 뜻으로 '誇(자랑할 과)'가 쓰였습니다.

**다지기**

48~49쪽

1 (1) 노래 악 (2) 익힐 습 (3) 제목 제 (4) 과목 과 (5) 가르칠 훈   2 ❶ 교훈 ❷ 교과 ❸ 가훈
3 (1) 훈장 (2) 습관 (3) 악기   4 (1) 문제 (2) 예습 (3) 주제   5 낙천적, 낙관

**도움말** 5 '세상과 인생을 즐겁고 좋은 것으로 여기는 것.'이라는 뜻의 '낙천적'과 '세상을 즐겁고 희망적으로 봄.'이라는 뜻의 '낙관'은 '樂(즐길 락(낙))'이 쓰인 한자 어휘입니다. '승낙'은 '청하는 바를 들어줌.'이라는 뜻으로 '諾(허락할 락(낙))'이 쓰였습니다.

**Day 16**

53쪽

1 밤, 야　　2 야간　　3 (1) - ㉢, (2) - ㉠　　4 ①

> **도움말** 4 '夜'가 쓰인 한자 어휘는 '저녁밥을 먹고 난 한참 뒤 밤중에 먹는 음식.'이라는 뜻의 '야식'입니다. '야외'는 '시가지에서 조금 멀리 떨어져 있는 들판.'이라는 뜻으로 '野(들 야)'가 쓰였습니다.

**Day 17**

55쪽

1 어제, 작　　2 (1) 작년 (2) 작금　　3 (1) 작일 (2) 재작년　　4 ②

> **도움말** 4 '昨'이 쓰인 한자 어휘는 '작년 한 해.'라는 뜻의 '작년도'입니다. '작별'은 '인사를 나누고 헤어짐, 또는 그 인사.'라는 뜻으로 '作(지을 작)'이 쓰였습니다.

**Day 18**

57쪽

1 이제, 금　　2 (1) - ㉡, (2) - ㉠　　3 금방　　4 ①

> **도움말** 4 '今'이 쓰인 한자 어휘는 '말하는 바로 이때.'라는 뜻의 '지금'입니다. '금지'에는 '禁(금할 금)'이 쓰였습니다. '금리'에는 '金(쇠 금)'이 쓰였습니다.

**Day 19**

59쪽

1 해, 년(연)　　2 연년생　　3 (1) 해 (2) 나이　　4 해

> **도움말** 4 '흉년'은 '年(해 년)'이 쓰인 한자 어휘로 '농작물이 흉하게 잘 재배되지 않은 해.'라는 뜻입니다.

**Day 20**

61쪽

1 옛, 고　　2 (1) 고전 (2) 고물　　3 ㉠ - ㉡, ㉡ - ㉠　　4 ②

> **도움말** 4 '古'가 쓰인 한자 어휘는 '예전과 지금을 아울러 이르는 말.'이라는 뜻의 '고금'입니다. '고백'은 '마음속에 생각하고 있는 것이나 감추어 둔 것을 사실대로 숨김없이 말함.'이라는 뜻으로 '告(고할 고)'가 쓰였습니다.

**다지기**

62~63쪽

1 (1) 해 년(연) (2) 옛 고 (3) 밤 야 (4) 어제 작 (5) 이제 금　　2 (1) 야경 (2) 금방 (3) 고대
3 (1) 연년생 (2) 야광 (3) 연초　　4 ③　　5 고전, 고금

> **도움말** 4 '금년'은 '이번 해.'라는 뜻으로 금년이 2025년이라고 말한 윤정이의 말은 틀렸습니다. 금년은 2024년입니다.
> 5 '고전'과 '고금'은 모두 '古(옛 고)'가 쓰인 한자 어휘입니다. '고난'은 '괴로움과 어려움을 아울러 이르는 말.'이라는 뜻으로 '苦(쓸 고)'가 쓰였습니다.

**Day 21** 67쪽

1 기록할, 기    2 필기    3 (1) 일기 (2) 기념    4 ③

도움말 4 '記'가 쓰인 한자 어휘는 '어떤 사실을 적음, 또는 그런 글.'이라는 뜻의 '기록'입니다. '기온'에는 '氣(기운 기)'가 쓰였습니다. '기상'에는 '起(일어날 기)'가 쓰였습니다.

**Day 22** 69쪽

1 대할, 대    2 (1) 대상 (2) 대조    3 (1) 비교 (2) 마주 대하며    4 ②

도움말 4 '對'가 쓰인 한자 어휘는 '서로 마주 대함, 또는 그런 대상.'이라는 뜻의 '상대'입니다. '대본'은 '연극의 상연이나 영화 제작에 있어서 기본이 되는 글.'이라는 뜻으로 '臺(대 대)'가 쓰였습니다.

**Day 23** 71쪽

1 살필, 성    2 (1) 성찰 (2) 생략    3 반성문    4 ②

도움말 4 '省'이 쓰인 한자 어휘는 '자기 자신의 태도나 행동을 스스로 살피고 반성함.'이라는 뜻의 '자성'입니다. '성명'에는 '姓(성 성)'이 쓰였습니다. '찬성'에는 '成(이룰 성)'이 쓰였습니다.

**Day 24** 73쪽

1 정할, 정    2 (1) 결정 (2) 측정    3 선정    4 ②

도움말 4 '定'이 쓰인 한자 어휘는 '일정한 규정에 의하여 정한 인원.'이라는 뜻의 '정원'입니다. '정자'는 '경치가 좋은 곳에 놀거나 쉬기 위해 지은 집.'이라는 뜻으로 '亭(정자 정)'이 쓰였습니다.

**Day 25** 75쪽

1 모을, 집    2 ① - ⓛ, ② - ⓐ    3 집단    4 ①

도움말 4 '集'이 쓰인 한자 어휘는 '사람이나 작품, 물품 등을 일정한 조건 아래 널리 알려 뽑아 모음.'이라는 뜻의 '모집'입니다. '집념'은 '한 가지 일에 매달려 마음을 쏟음.'이라는 뜻으로 '執(잡을 집)'이 쓰였습니다.

**다지기** 76~77쪽

1 (1) 모을 집 (2) 대할 대 (3) 살필 성 (4) 기록할 기 (5) 정할 정    2 ① 필기 ② 대조 ③ 성묘 ④ 정기    3 (1) 대화 (2) 기념 (3) 수집    4 정    5 집단, 집합

도움말 5 '집단'과 '집합'은 모두 '모을 집(集)'이 쓰인 한자 어휘입니다. '집념'은 '執(잡을 집)'이 쓰였습니다.

**Day 26**

81쪽

**1** 설, 립(입)　　**2** (1) 독립 (2) 입장 (3) 고립　　**3** 국립　　**4** ②

도움말　**4** '立'이 쓰인 한자 어휘는 '어떤 증거 등을 내세워 증명함.'이라는 뜻의 '입증'입니다. '입학'은 '학생이 되어 공부하기 위해 학교에 들어감.'이라는 뜻으로 '入(들 입)'이 쓰였습니다.

**Day 27**

83쪽

**1** 다닐, 행　　**2** (1) 행동 (2) 행군　　**3** 행방　　**4** ①

도움말　**4** '行'이 쓰인 한자 어휘는 '길을 가는 사람.'이라는 뜻의 '행인'입니다. '다행'은 '뜻밖에 일이 잘되어 운이 좋음.'이라는 뜻으로 '幸(다행 행)'이 쓰였습니다.

**Day 28**

85쪽

**1** 열, 개　　**2** 개학　　**3** (1) 개발 (2) 개방　　**4** ①

도움말　**4** '開'가 쓰인 한자 어휘는 '일정 기간 동안 계속되는 행사를 처음 시작할 때 행하는 의식.'이라는 뜻의 '개막식'입니다. '개성'은 '다른 사람이나 개체와 구별되는 고유의 특성.'이라는 뜻으로 '個(낱 개)'가 쓰였습니다.

**Day 29**

87쪽

**1** 놓을, 방　　**2** (1) 방심 (2) 방치　　**3** 방학　　**4** ①

도움말　**4** '放'이 쓰인 한자 어휘는 '모아 둔 물을 흘려 내보냄.'이라는 뜻의 '방류'입니다. '방수'에는 '防(막을 방)'이 쓰였습니다. '방해'에는 '妨(방해할 방)'이 쓰였습니다.

**Day 30**

89쪽

**1** 돌이킬, 반　　**2** (1) 반사 (2) 반대　　**3** (1) 되풀이함 (2) 반대　　**4** ①

도움말　**4** '反'이 쓰인 한자 어휘는 '반대의 뜻을 나타내는 행동이나 표시.'라는 뜻의 '반기'입니다. '반주'는 '노래나 기악의 연주를 도와주기 위하여 옆에서 다른 악기를 연주함.'이라는 뜻으로 '伴(짝 반)'이 쓰였습니다.

**다지기**

90~91쪽

**1** (1) 놓을 방 (2) 다닐 행 (3) 돌이킬 반 (4) 설 립(입) (5) 열 개　　**2** ❶ 방학 ❷ 개교 ❸ 방목 ❹ 개학　　**3** (1) - ㉡, (2) - ㉢, (3) - ㉠　　**4** ②　　**5** 방치

도움말　**4** '행방'은 '간 곳이나 방향.'이라는 뜻으로 ②의 문장에는 알맞지 않습니다. '행사'가 알맞습니다.
　　**5** '放'이 쓰인 한자 어휘는 '방치'입니다. '방해'는 '일이 제대로 되지 못하도록 간섭하고 막음.'이라는 뜻으로 '방해할 방(妨)'이 쓰였습니다. '방법'은 '어떤 일을 해 나가기 위한 수단이나 방식'이라는 뜻으로 '모 방(方)'이 쓰였습니다.

**Day 31**

95쪽

1 빌, 공 2 (1) 공복 (2) 공중 3 공책 4 ①

도움말 4 '空'이 쓰인 한자 어휘는 '사람이 앉지 아니하여 비어 있는 자리.'라는 뜻의 '공석'입니다. '공중'은 '사회의 여러 사람들이 함께 사용함.'이라는 뜻으로 '公(공평할 공)'이 쓰였습니다.

**Day 32**

97쪽

1 한가지, 동 2 동점 3 (1) 동시 (2) 동행 4 ①, ③

도움말 4 '同'이 쓰인 한자 어휘는 '동고동락'과 '일심동체'입니다. '엄동설한'에는 '冬(겨울 동)'이 쓰였습니다.

**Day 33**

99쪽

1 있을, 재 2 (1) 존재 (2) 재래 3 (1) 재고 (2) 재외 4 ①

도움말 4 '在'가 쓰인 한자 어휘는 '학교에 소속되어 있음.'이라는 뜻의 '재학'입니다. '재배'는 '식물을 심어 가꿈.'이라는 뜻으로 '栽(심을 재)'가 쓰였습니다.

**Day 34**

101쪽

1 잃을, 실 2 (1) 실망 (2) 실수 3 손실 4 ①

도움말 4 '失'이 쓰인 한자 어휘는 '기준 미달이나 기준 초과, 규칙 위반 등으로 자격을 잃음.'이라는 뜻의 '실격'입니다. '실력'은 '실제로 갖추고 있는 힘이나 능력.'이라는 뜻으로 '實(열매 실)'이 쓰였습니다.

**Day 35**

103쪽

1 특별할, 특 2 (1) 특강 (2) 특기 3 특산품 4 특별한

도움말 4 '특권'은 '特(특별할 특)'이 쓰인 한자 어휘로 '특별한 권리.'라는 뜻입니다.

**다지기**

104~105쪽

1 (1) 빌 공 (2) 한가지 동 (3) 있을 재 (4) 특별할 특 (5) 잃을 실 2 (1) 동참 (2) 공복 (3) 재고
3 (1) 실수 (2) 특성 (3) 동행 4 (1) 특기 (2) 실망 5 잠재력, 재학

도움말 5 '在(있을 재)'가 쓰인 한자 어휘는 '잠재력'과 '재학'입니다. '잠재력'은 '겉으로 드러나지 않고 속에 숨어 있는 힘.'이라는 뜻입니다. '인재'는 '어떤 일을 할 수 있는 학식이나 능력을 갖춘 사람.'이라는 뜻으로 '材(재목 재)'가 쓰였습니다.

**Day 36**

109쪽

1 새, 신          2 (1) 신년 (2) 신인          3 ① - ㉠, ② - ㉡          4 ②

**도움말** 4 '新'이 쓰인 한자 어휘는 '가장 새로움.'이라는 뜻의 '최신'입니다. '확신'은 '굳게 믿음, 또는 그런 마음.'이라는 뜻으로 '信(믿을 신)'이 쓰였습니다.

**Day 37**

111쪽

1 날랠, 용          2 (1) - ㉠, (2) - ㉡          3 용맹          4 ②

**도움말** 4 '勇'이 쓰인 한자 어휘는 '싸움에서 용감하게 활약하여 공을 세운 이야기.'라는 뜻의 '무용담'입니다. '용의자'는 '범죄를 저지른 범인으로 의심받는 사람.'이라는 뜻으로 '容(얼굴 용)'이 쓰였습니다.

**Day 38**

113쪽

1 빠를, 속          2 (1) 속력 (2) 과속          3 (1) 속보 (2) 감속          4 ②

**도움말** 4 '速'이 쓰인 한자 어휘는 '신중을 기하지 아니하고 서둘러 판단함.'이라는 뜻의 '속단'입니다. '속담'은 '예로부터 민간에 전하여 오는 쉬운 격언이나 잠언.'이라는 뜻으로 '俗(풍속 속)'이 쓰였습니다.

**Day 39**

115쪽

1 다행, 행          2 (1) 다행 (2) 불행          3 행운          4 ②

**도움말** 4 '幸'이 쓰인 한자 어휘는 '천만다행'입니다. '행방불명'과 '일방통행'은 '行(다닐 행)'이 쓰였습니다.

**Day 40**

117쪽

1 급할, 급          2 (1) 긴급 (2) 응급          3 (1) 급속 (2) 급증          4 ②

**도움말** 4 '急'이 쓰인 한자 어휘는 '급작스럽게 줄어듦.'이라는 뜻의 '급감'입니다. '발급'은 '증명서 따위를 발행하여 줌.'이라는 뜻으로 '給(줄 급)'이 쓰였습니다.

**다지기**

118~119쪽

1 (1) 급할 급 (2) 새 신 (3) 날랠 용 (4) 다행 행 (5) 빠를 속          2 ① 신년 ② 용감 ③ 속력 ④ 행운          3 (1) 급증 (2) 과속 (3) 신인          4 (1) - ㉢, (2) - ㉠, (3) - ㉡          5 속단, 속전속결

**도움말** 5 '속단'과 '속전속결'은 모두 '速(빠를 속)'이 사용된 한자 어휘입니다. '속전속결'은 '싸움을 오래 끌지 아니하고 빨리 몰아쳐 이기고 짐을 결정함.'을 뜻하고, '어떤 일을 빨리 진행하여 빨리 끝냄'을 비유적으로 이르는 말입니다. '약속'은 '다른 사람과 앞으로의 일을 어떻게 할 것인가를 미리 정하여 둠.'을 뜻하는 말로 '束(묶을 속)'이 쓰였습니다.

**Day 41**

123쪽

1 옷, 의  2 ②  3 (1) 수의 (2) 탈의실  4 ①

도움말 4 '衣'가 쓰인 한자 어휘는 '호의호식'입니다. '반신반의'에는 '疑(의심할 의)'가 쓰였습니다. '불가사의'에는 '의논할 의(議)'가 쓰였습니다.

---

**Day 42**

125쪽

1 옷, 복  2 (1) 복종 (2) 극복  3 (1) - ⓒ, (2) - ㉠  4 ①

도움말 4 '服'이 쓰인 한자 어휘는 '겨울철에 추위를 막기 위해 겉옷 속에 입는 옷.'이라는 뜻의 '내복'입니다. '복도'는 '건물 안에서 여러 방으로 통하게 만들어 놓은 통로.'라는 뜻으로 '複(겹칠 복)'이 쓰였습니다.

---

**Day 43**

127쪽

1 종이, 지  2 한지  3 (1) - ⓒ, (2) - ㉠  4 ②

도움말 4 '紙'가 쓰인 한자 어휘는 '쓰고 버린 종이.'라는 뜻의 '폐지'입니다. '지구'는 '태양에서 셋째로 가까운 행성.'이라는 뜻으로 '地(땅 지)'가 쓰였습니다.

---

**Day 44**

129쪽

1 기, 기  2 (1) 백기 (2) 국기  3 반기  4 ①

도움말 4 '旗'가 쓰인 한자 어휘는 '대한민국의 국기.'라는 뜻의 '태극기'입니다. '경기'는 '일정한 규칙 아래 기량과 기술을 겨룸. 또는 그런 일.'이라는 뜻으로 '技(재주 기)'가 쓰였습니다.

---

**Day 45**

131쪽

1 창, 창  2 (1) 창구 (2) 학창  3 (1) 차창 (2) 창문  4 ①

도움말 4 '窓'이 쓰인 한자 어휘는 '창호지'입니다. '합창단'에는 '노래할 창(唱)'이 쓰였습니다. '초창기'에는 '創(비롯할 창)'이 쓰였습니다.

---

**다지기**

132~133쪽

1 (1) 옷 복 (2) 기 기 (3) 종이 지 (4) 창 창 (5) 옷 의  2 ❶ 태극기 ❷ 조기  3 (1) - ⓒ, (2) - ㉠, (3) - ⓒ  4 (1) 창구 (2) 표지 (3) 반기  5 방화복, 군복

도움말 5 '불길에 의한 피해를 막기 위하여 입는 옷.'의 뜻인 '방화복'과 '군인들이 입는 제복.'의 뜻인 '군복'에는 모두 '服(옷 복)'이 쓰였습니다. '복도'에는 '複(겹칠 복)'이 쓰였습니다.

## Day 46

137쪽

**1** 법, 식    **2** (1) 양식 (2) 약식    **3** ① - ⓒ, ② - ⓐ    **4** ①

**도움말** **4** '式'이 쓰인 한자 어휘는 '일정한 방법이나 형식.'이라는 뜻의 '방식'입니다. '식탁'은 '음식을 차려 놓고 둘러앉아 먹게 만든 탁자.'라는 뜻으로 '食(밥/먹을 식)'이 쓰였습니다.

## Day 47

139쪽

**1** 법식, 례(예)    **2** (1) 예외 (2) 예문    **3** 사례    **4** ①

**도움말** **4** '例'가 쓰인 한자 어휘는 '예시'입니다. '예우'에는 '禮(예도 례)'가 쓰였습니다. '노예'에는 '隸(종 예)'가 쓰였습니다.

## Day 48

141쪽

**1** 법도, 도    **2** (1) 각도 (2) 정도    **3** (1) - ⓒ, (2) - ⓐ    **4** ①

**도움말** **4** '度'가 쓰인 한자 어휘는 '물체가 나아가거나 일이 진행되는 빠르기.'라는 뜻의 '속도'입니다. '도착'은 '목적한 곳에 다다름.'이라는 뜻으로 '到(이를 도)'가 쓰였습니다.

## Day 49

143쪽

**1** 다스릴, 리(이)    **2** (1) 이상 (2) 합리    **3** 이성    **4** ②

**도움말** **4** '理'가 쓰인 한자 어휘는 '이상적인 것으로 여겨지는 생각이나 견해.'라는 뜻의 '이념'입니다. '이별'은 '서로 갈리어 떨어짐.'이라는 뜻으로 '離(떠날 리(이))'가 쓰였습니다.

## Day 50

145쪽

**1** 화할, 화    **2** ③    **3** ① 화해 ② 화목    **4** ①

**도움말** **4** '和'가 쓰인 한자 어휘는 '화목하게 지내자는 약속.'이라는 뜻의 '화약'입니다. '개화'는 '풀이나 나무의 꽃이 핌.'이라는 뜻으로 '花(꽃 화)'가 쓰였습니다.

## 다지기

146~147쪽

**1** (1) 다스릴 리(이) (2) 법식 례(예) (3) 법 식 (4) 법도 도 (5) 화할 화    **2** (1) 양식 (2) 조화 (3) 습도    **3** (1) 식장 (2) 예제 (3) 화창    **4** (1) 고도 (2) 예문 (3) 사례    **5** 평화, 화약

**도움말** **5** '평화'과 '화약'의 '화'는 모두 '和(화할 화)'가 사용된 한자 어휘입니다. '평화'는 '평온하고 화목함.'을 뜻합니다. '화산'은 '火(불 화)'가 쓰인 한자 어휘입니다.

특별
부록

# 한자
# 쓰기

**필순에 맞춰 멋지게 써 보자!**

# 한자를 쓰는 순서, 필순을 알면 쉬워요

한자의 필순(筆順)이란 한자를 쓰는 순서를 말해요. 필순을 지켜서 한자를 쓰면 쓰기도 편하고 모양도 아름답습니다. 다음은 한자의 기본적인 필순 규칙이에요. 이를 모두 외울 필요는 없습니다. 가볍게 살펴보고 시작하세요. 각 한자마다 제시된 획순에 맞게 쓰다 보면 자연스럽게 익혀집니다.

1. 위쪽에 있는 획부터 쓴다.

2. 왼쪽에 있는 획부터 쓴다.

3. 가로획과 세로획이 만날 경우 가로획을 먼저 쓴다.

4. 좌우 모양이 같을 때는 가운데를 먼저 쓰고, 왼쪽 오른쪽의 순서로 쓴다.

5. 바깥 둘레가 있는 글자는 바깥을 먼저 쓰고 안을 나중에 쓴다.

6. 삐침(ノ)과 파임(乀)이 만날 때에는 삐침 먼저 쓴다.

7. 가운데를 꿰뚫는 획은 나중에 쓴다.

8. '辶'은 맨 마지막에 쓴다.

近　一　厂　斤　斤　斤　沂　沂　近

▶ 한자의 훈과 음을 소리 내며 한자를 쓰세요.

**1** 소리 **음**

音 音 音 音 音 音 音 音 音

| 音 | 音 | 音 | | |
|---|---|---|---|---|
| | | | | |

**2** 맑을 **청**

淸 淸 淸 淸 淸 淸 淸 淸 淸 淸 淸

| 淸 | 淸 | 淸 | | |
|---|---|---|---|---|
| | | | | |

**3** 밝을 **명**

明 明 明 明 明 明 明 明

| 明 | 明 | 明 | | |
|---|---|---|---|---|
| | | | | |

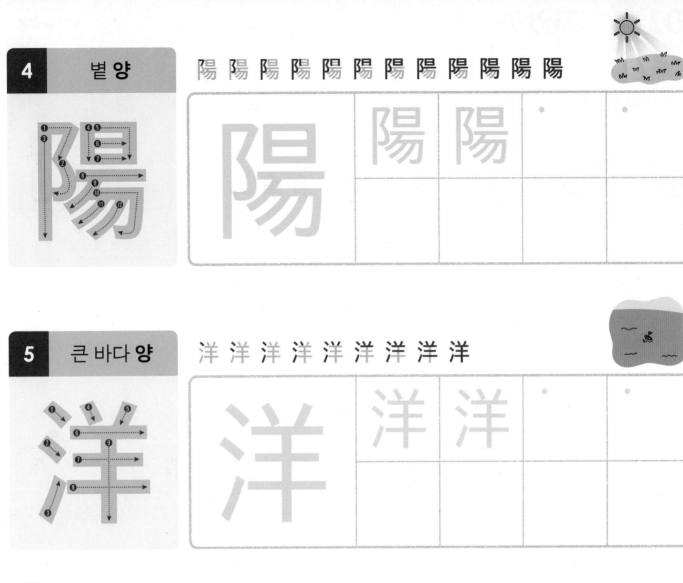

| 4 | 볕 양 | 陽陽陽陽陽陽陽陽陽陽陽陽 |

| 5 | 큰 바다 양 | 洋洋洋洋洋洋洋洋洋 |

다음 한자의 훈과 음을 쓰고, 그 한자가 들어간 한자 어휘를 두 개 이상 써 보세요.

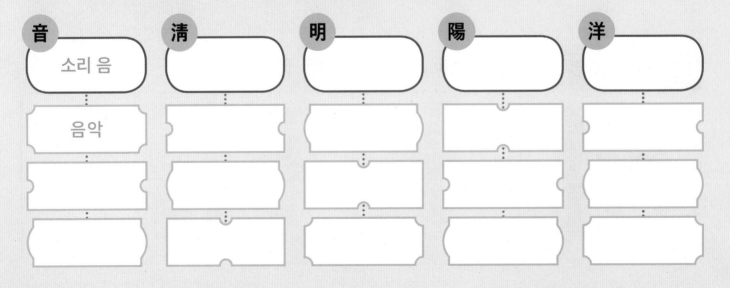

| 音 | 清 | 明 | 陽 | 洋 |
|---|---|---|---|---|
| 소리 음 | | | | |
| 음악 | | | | |

▶ 한자의 훈과 음을 소리 내며 한자를 쓰세요.

| 6 | 주인 **주** |
|---|---|

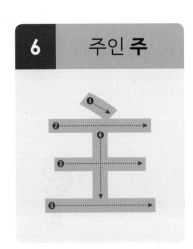

主 主 主 主 主

| 主 | 主 | 主 | · | · |
|---|---|---|---|---|
| | | | | |

| 7 | 대신할 **대** |
|---|---|

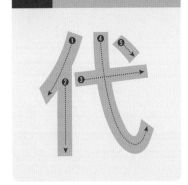

代 代 代 代 代

| 代 | 代 | 代 | · | · |
|---|---|---|---|---|
| | | | | |

| 8 | 부릴 **사** |
|---|---|

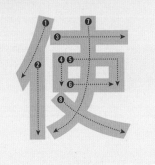

使 使 使 使 使 使 使 使

| 使 | 使 | 使 | · | · |
|---|---|---|---|---|
| | | | | |

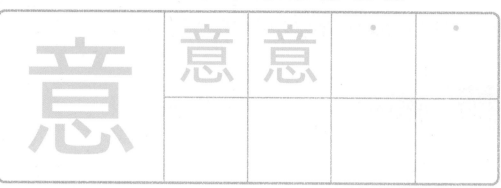

意 意 意 意 意 意 意 意 意 意 意 意 意

| 意 | 意 | 意 | | |
|---|---|---|---|---|

成 成 成 成 成 成 成

| 成 | 成 | 成 | | |
|---|---|---|---|---|

 정복 어휘!

다음 한자의 훈과 음을 쓰고, 그 한자가 들어간 한자 어휘를 두 개 이상 써 보세요.

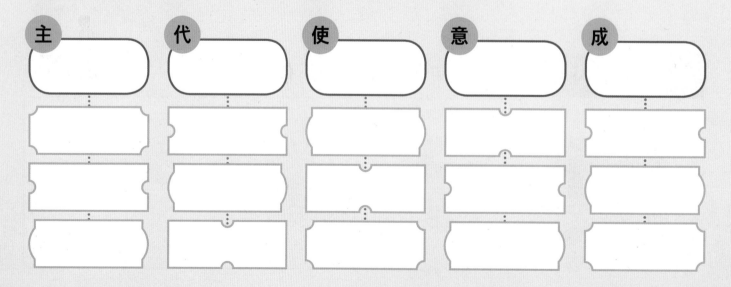

| 主 | 代 | 使 | 意 | 成 |
|---|---|---|---|---|

▶ 한자의 훈과 음을 소리 내며 한자를 쓰세요.

**11 익힐 습** 習習習習習習習習習習習

**12 가르칠 훈** 訓訓訓訓訓訓訓訓訓訓

**13 즐길 락 / 노래 악** 樂樂樂樂樂樂樂樂樂樂樂樂樂樂樂

## 14 제목 제

題題題題題題題題題題題題題題題題
題題

| 題 | 題 | 題 | · | · |
|---|---|---|---|---|
|   |   |   |   |   |

## 15 과목 과

科科科科科科科科科

| 科 | 科 | 科 | · | · |
|---|---|---|---|---|
|   |   |   |   |   |

다음 한자의 훈과 음을 쓰고, 그 한자가 들어간 한자 어휘를 두 개 이상 써 보세요.

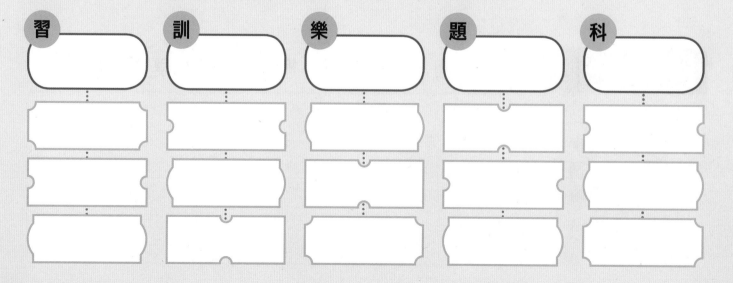

▶ 한자의 훈과 음을 소리 내며 한자를 쓰세요.

| 16 | 밤 **야** |
|---|---|

夜 夜 夜 夜 夜 夜 夜 夜

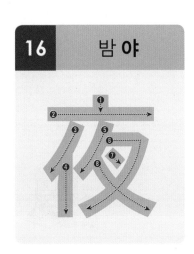

| 夜 | 夜 | 夜 | | |

| 17 | 어제 **작** |
|---|---|

昨 昨 昨 昨 昨 昨 昨 昨 昨

| 昨 | 昨 | 昨 | | |

| 18 | 이제 **금** |
|---|---|

今 今 今 今

| 今 | 今 | 今 | | |

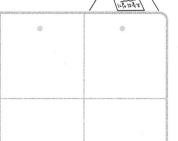

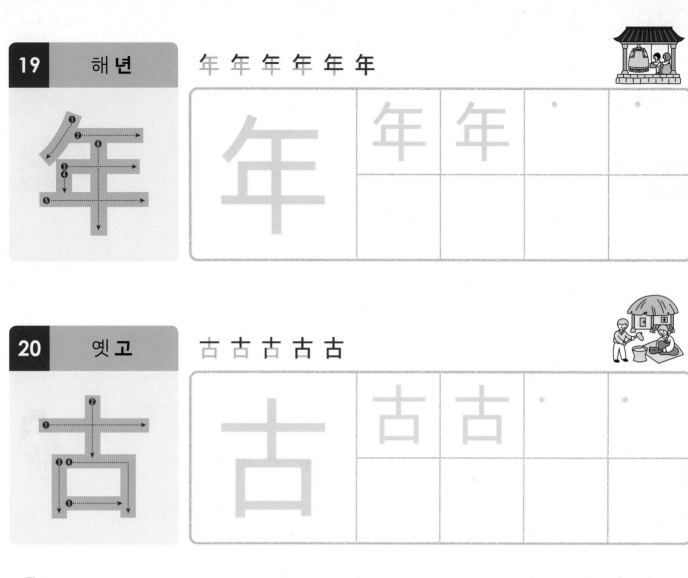

| 19 | 해 **년** | 年 年 年 年 年 年 |

| 20 | 옛 **고** | 古 古 古 古 古 |

다음 한자의 훈과 음을 쓰고, 그 한자가 들어간 한자 어휘를 두 개 이상 써 보세요.

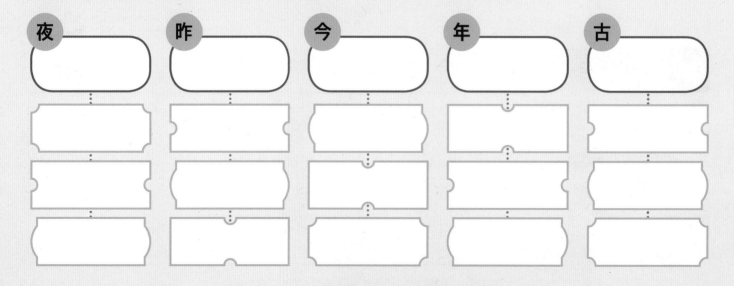

▶ 한자의 훈과 음을 소리 내며 한자를 쓰세요.

| 21 | 기록할 **기** |
| --- | --- |

記記記記記記記記記記

| 記 | 記 | 記 | | |
| --- | --- | --- | --- | --- |
| | | | | |

| 22 | 대할 **대** |
| --- | --- |

對對對對對對對對對對對對對對

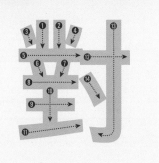

| 對 | 對 | 對 | | |
| --- | --- | --- | --- | --- |
| | | | | |

| 23 | 살필 **성**<br>덜 **생** |
| --- | --- |

省省省省省省省省省

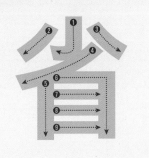

| 省 | 省 | 省 | | |
| --- | --- | --- | --- | --- |
| | | | | |

## 24 정할 정

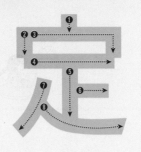

定定定定定定定定

## 25 모을 집

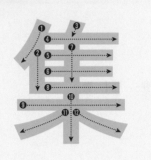

集集集集集集集集集集集集

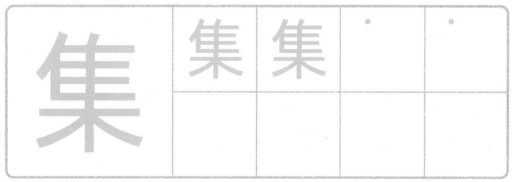

다음 한자의 훈과 음을 쓰고, 그 한자가 들어간 한자 어휘를 두 개 이상 써 보세요.

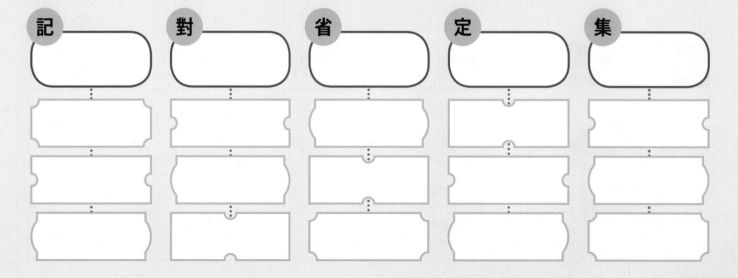

▶ 한자의 훈과 음을 소리 내며 한자를 쓰세요.

| 26 | 설 립 |
|---|---|

立 立 立 立 立

| 立 | 立 | 立 | | |
|---|---|---|---|---|

| 27 | 다닐 행 |
|---|---|

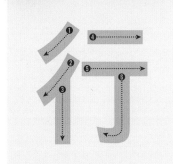

行 行 行 行 行 行

| 行 | 行 | 行 | | |
|---|---|---|---|---|

| 28 | 열 개 |
|---|---|

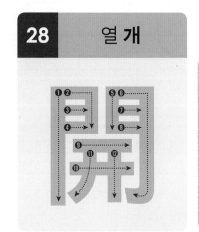

開 開 開 開 開 開 開 開 開 開 開 開

| 開 | 開 | 開 | | |
|---|---|---|---|---|

| 29 | 놓을 **방** | 放 放 放 放 放 放 放 放 |

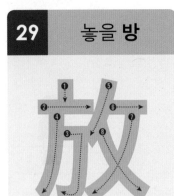

| 放 | 放 | 放 | ˙ | ˙ |
|---|---|---|---|---|
| | | | | |

| 30 | 돌이킬 **반** | 反 反 反 反 |

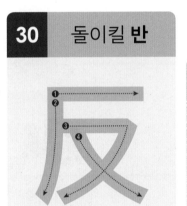

| 反 | 反 | 反 | ˙ | ˙ |
|---|---|---|---|---|
| | | | | |

다음 한자의 훈과 음을 쓰고, 그 한자가 들어간 한자 어휘를 두 개 이상 써 보세요.

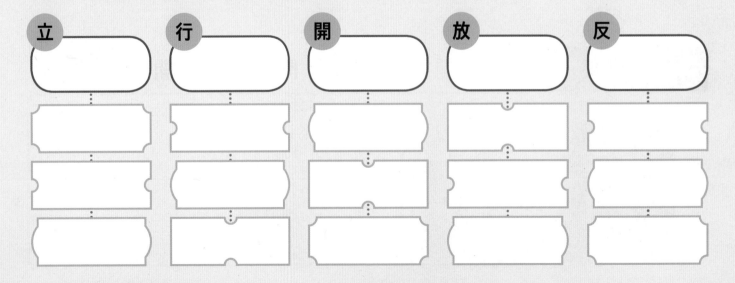

| 立 | 行 | 開 | 放 | 反 |
|---|---|---|---|---|

▶ 한자의 훈과 음을 소리 내며 한자를 쓰세요.

| 31 | 빌 **공** |
|---|---|

空 空 空 空 空 空 空 空

| 32 | 한가지 **동** |
|---|---|

同 同 同 同 同 同

| 33 | 있을 **재** |
|---|---|

在 在 在 在 在 在

메미가 있어!

**34** 잃을 **실**

失 失 失 失 失

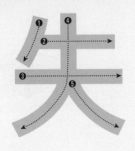

| 失 | 失 | 失 | · | · |
|---|---|---|---|---|
| | | | | |

**35** 특별할 **특**

特 特 特 特 特 特 特 特 特 特

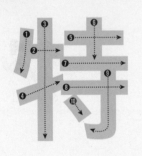

| 特 | 特 | 特 | · | · |
|---|---|---|---|---|
| | | | | |

다음 한자의 훈과 음을 쓰고, 그 한자가 들어간 한자 어휘를 두 개 이상 써 보세요.

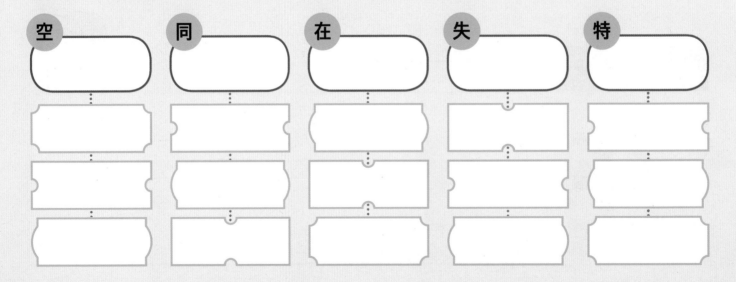

▶ 한자의 훈과 음을 소리 내며 한자를 쓰세요.

**36 새 신**

新 新 新 新 新 新 新 新 新 新 新 新 新

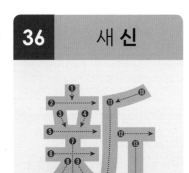

**37 날랠 용**

勇 勇 勇 勇 勇 勇 勇 勇 勇

**38 빠를 속**

速 速 速 速 速 速 速 速 速 速 速

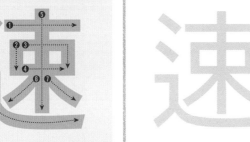

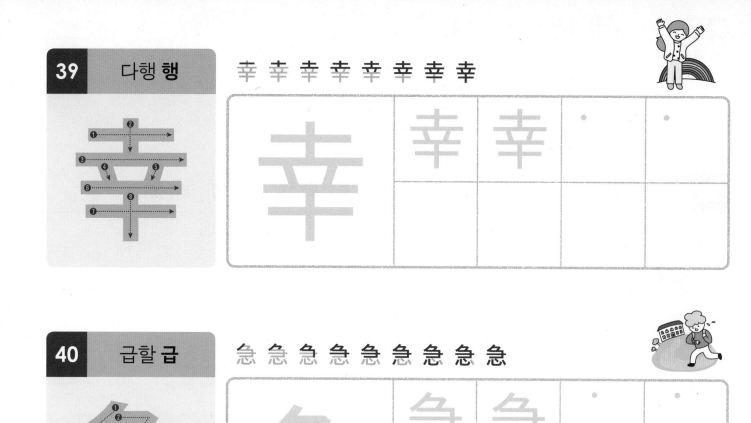

**39** 다행 **행**

幸 幸 幸 幸 幸 幸 幸 幸

**40** 급할 **급**

急 急 急 急 急 急 急 急 急

다음 한자의 훈과 음을 쓰고, 그 한자가 들어간 한자 어휘를 두 개 이상 써 보세요.

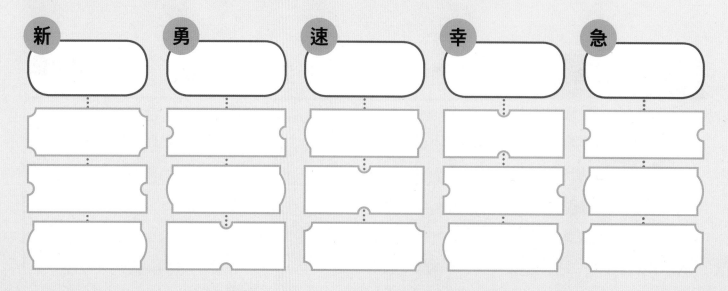

新    勇    速    幸    急

▶ 한자의 훈과 음을 소리 내며 한자를 쓰세요.

| 41 | 옷 의 |
|---|---|

衣 衣 衣 衣 衣 衣

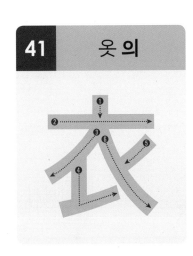

衣 | 衣 | 衣 | | |

| 42 | 옷 복 |
|---|---|

服 服 服 服 服 服 服 服

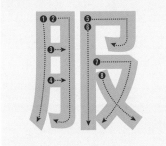

服 | 服 | 服 | | |

| 43 | 종이 지 |
|---|---|

紙 紙 紙 紙 紙 紙 紙 紙 紙 紙

紙 | 紙 | 紙 | | |

**44** 기 **기**

旗 旗 旗 旗 旗 旗 旗 旗 旗 旗 旗 旗 旗 旗

旗 | 旗 | 旗 | | 
|---|---|---|---|

**45** 창 **창**

窓 窓 窓 窓 窓 窓 窓 窓 窓 窓 窓

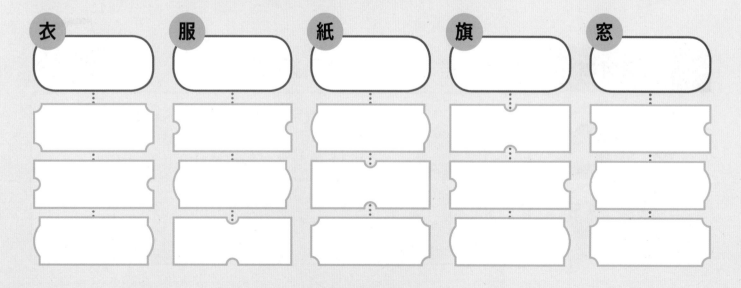

窓 | 窓 | 窓 | | 
|---|---|---|---|

다음 한자의 훈과 음을 쓰고, 그 한자가 들어간 한자 어휘를 두 개 이상 써 보세요.

衣　　　服　　　紙　　　旗　　　窓

▶ 한자의 훈과 음을 소리 내며 한자를 쓰세요.

**46** 법 식

式 式 式 式 式 式

**47** 법식 례

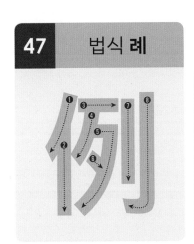

例 例 例 例 例 例 例 例

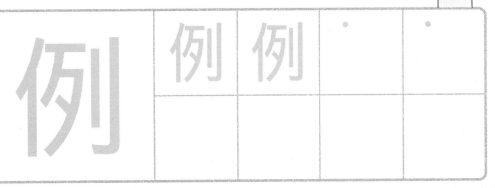

**48** 법도 도

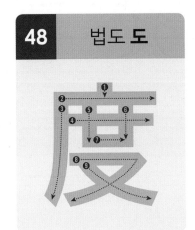

度 度 度 度 度 度 度 度 度

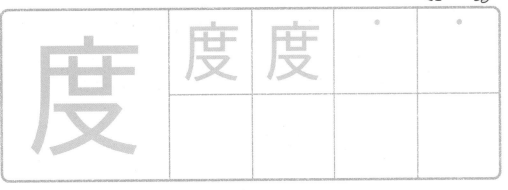

**49** 다스릴 **리**

理 理 理 理 理 理 理 理 理 理 理

理 理 理

**50** 화할 **화**

和 和 和 和 和 和 和 和

和 和 和

 정복 어휘!

다음 한자의 훈과 음을 쓰고, 그 한자가 들어간 한자 어휘를 두 개 이상 써 보세요.

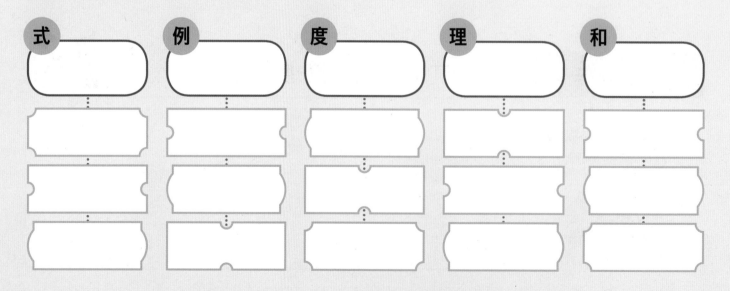

式 　 例 　 度 　 理 　 和

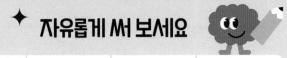

지은이 기적학습연구소

"혼자서 작은 산을 넘는 아이가 나중에 큰 산도 넘습니다"

본 연구소는 아이들이 혼자서 큰 산까지 넘을 수 있는 힘을 키워 주고자 합니다.
아이들의 연령에 맞게 학습의 산을 작게 만들어 혼자서도 쉽게 넘을 수 있게 만듭니다.
때로는 작은 고난도 경험하게 하여 성취감도 맛보게 합니다.
그리고 아이들에게 실제로 적용해서 검증을 통해 차근차근 책을 만들어 갑니다.
아이가 주인공인 기적학습연구소 [국어과]의 대표적 저작물은 <기적의 독해력>, <기적의 독서 논술>,
<4주 만에 완성하는 바른 글씨>, <30일 완성 한글 총정리> 등이 있습니다.

# 어휘를 정복하는 한자의 힘 · 5권

**초판 발행** 2023년 12월 18일

**지은이** 기적학습연구소
**발행인** 이종원
**발행처** 길벗스쿨
**출판사 등록일** 2006년 6월 16일
**주소** 서울시 마포구 월드컵로 10길 56(서교동 467-9)
**대표 전화** 02)332-0931          **팩스** 02)333-5409
**홈페이지** www.gilbutschool.co.kr          **이메일** gilbut@gilbut.co.kr

**기획** 이경은(hey2892@gilbut.co.kr)     **편집 진행** 최지현, 박은숙, 유명희, 임소연
**제작** 이준호, 이진혁, 김우식          **영업마케팅** 문세연, 박다슬          **웹마케팅** 박달님, 이재윤
**영업관리** 김명자, 정경화          **독자지원** 윤정아

**디자인** 퍼플페이퍼 정보라          **일러스트** 성하루
**전산 편집** 린 기획          **인쇄 및 제본** 상지사피앤비

▶ 잘못 만든 책은 구입한 서점에서 바꿔 드립니다.
▶ 이 책은 저작권법에 따라 보호받는 저작물이므로 무단전재와 무단복제를 금합니다.
   이 책의 전부 또는 일부를 이용하려면 반드시 사전에 저작권자와 출판사 이름의 서면 동의를 받아야 합니다.

ISBN 979-11-6406-616-2(길벗스쿨 도서번호 10902)
정가 14,000원

독자의 1초를 아껴주는 정성 **길벗출판사** ------------------------------------------------------------

**길벗스쿨** 국어학습서, 수학학습서, 유아콘텐츠유닛, 주니어어학1/2, 어린이교양1/2, 교과서, 길벗스쿨콘텐츠유닛
**길벗** IT실용서, IT/일반 수험서, IT전문서, 어학단행본, 어학수험서, 경제실용서, 취미실용서, 건강실용서, 자녀교육서
**더퀘스트** 인문교양서, 비즈니스서